Christoph Neumann

Darum nerven Japaner

Der ungeschminkte Wahnsinn
des japanischen Alltags

W0190649

Piper München Zürich

Mehr über unsere Autoren und Bücher:
www.piper.de

Dieses Taschenbuch wurde auf FSC-zertifiziertem Papier gedruckt.
FSC (Forest Stewardship Council) ist eine nichtstaatliche, gemeinnützige
Organisation, die sich für eine ökologische und sozialverantwortliche
Nutzung der Wälder unserer Erde einsetzt (vgl. Logo auf der Umschlag-
rückseite).

Ungekürzte Taschenbuchausgabe
Piper Verlag GmbH, München
1. Auflage Januar 2006
10. Auflage März 2009
© 2002 Eichborn AG, Frankfurt am Main
Umschlagkonzept: Büro Hamburg
Umschlaggestaltung: Cornelia Niere
Foto Umschlagvorderseite: getty images
Satz: Fuldaer Verlagsagentur, Fulda
Papier: Munken Print von Arctic Paper Munkedals AB, Schweden
Druck und Bindung: CPI – Clausen & Bosse, Leck
Printed in Germany   ISBN 978-3-492-24508-1

Meiner lieben Nao

Gleichheit
Reich wie Scheich und dennoch gleich?   105

Fremdsprachen
Englisch hassen lernen   116

Urlaub
Die Suche nach dem Vertrauten in der Fremde   128

Müll
Parolen statt Mülleimer   134

Big Brothers
Ist Gott eine japanische Firma?   141

Flirt
Die Sau rauslassen, aber ordentlich   154

Nachwort   168

Inhalt

Vorwort
Dürfen Japaner nerven?   9

Regeln
Das Volk will belehrt werden   11

Schuhe
Das Elfte Gebot: »Du sollst Deine Schuhe ausziehen!«   20

Essen
Die mit dem Bauch denken   24

Schwimmbad
Japan im Schnelldurchschwimm   32

Radfahren
Radfahren schwer gemacht   39

Mafia
Verbrecher, die keine sind   44

Warnungen
Achten Sie darauf, darauf zu achten!   54

Verhütung
Pille killen und Föten töten   59

Körpersprache
Das Gegenteil von Anmut   65

Yamanote
Mehr als nur eine S-Bahn-Linie   70

Spaß
Kein Spaß an der Freud   78

Schlafen
Bett? Nein danke!   86

Diebstahl
Mein Geld, dein Geld – Geld ist für uns alle da   92

Meiner lieben Nao

Mehr über unsere Autoren und Bücher:
www.piper.de

Dieses Taschenbuch wurde auf FSC-zertifiziertem Papier gedruckt.
FSC (Forest Stewardship Council) ist eine nichtstaatliche, gemeinnützige
Organisation, die sich für eine ökologische und sozialverantwortliche
Nutzung der Wälder unserer Erde einsetzt (vgl. Logo auf der Umschlag-
rückseite).

Ungekürzte Taschenbuchausgabe
Piper Verlag GmbH, München
1. Auflage Januar 2006
10. Auflage März 2009
© 2002 Eichborn AG, Frankfurt am Main
Umschlagkonzept: Büro Hamburg
Umschlaggestaltung: Cornelia Niere
Foto Umschlagvorderseite: getty images
Satz: Fuldaer Verlagsagentur, Fulda
Papier: Munken Print von Arctic Paper Munkedals AB, Schweden
Druck und Bindung: CPI – Clausen & Bosse, Leck
Printed in Germany   ISBN 978-3-492-24508-1

Christoph Neumann

Darum nerven Japaner

Der ungeschminkte Wahnsinn
des japanischen Alltags

W0190649

Piper München Zürich

Vorwort
Dürfen Japaner nerven?

»Japaner sind schon manchmal komisch, aber die Kulturen sind eben verschieden.« Europäer schildern Begegnungen mit Japanern gerne mit dem Weichzeichner der Toleranz. Wer sein Kopfschütteln nicht mehr kontrollieren kann, rettet sich zumindest in ein nervöses Lachen (»Japaner sind schon drollig« – »Ja, ja, die lieben Japaner, die sind ein rätselhaftes Völkchen«). Worüber man im sicheren Abstand von 10.000 Kilometern gerne schmunzelt, das treibt einen allerdings leicht zur Weißglut oder auch in tiefe Depression, wenn man mit diesem Volk auf seinen kleinen Inseln eingesperrt ist – so wie ich. Seit sechs Jahren lebe ich in Japan. Und in der Tat, die Japaner gehen mir oft schwer auf die Nerven. Deshalb habe ich die Erlebnisse, Phänomene und Beobachtungen aufgeschrieben, die mich und meine nicht-japanischen Bekannten schockiert, gefrustet oder einfach sprachlos gemacht haben.

Dieses Buch erschien im März 2001 auf japanisch (»Iketenai-nippon – Nihonjin-no honto-no tokoro«) und ist damit eines der wenigen Werke ausländischer Japan-Kritik, das die Japaner direkt erreichte.

Also: Sie müssen keine Gewissensbisse haben, wenn Ihnen dieses Buch gefällt – den Japanern hat es nämlich auch gefallen! Sie haben es gekauft und über sich gelacht und nachgedacht. In unzähligen Mails, Briefen und Gesprächen haben sie sich gerechtfertigt, mit mir gestritten oder auch gelitten.

Natürlich dürfen Japaner nerven, aber man muß sich auch über sie aufregen dürfen!

Tokio   *Christoph Neumann*

Regeln
Das Volk will belehrt werden

Japanische Affinität zu Kafka.
Transparente über alles.
Darf man sprechende Kugelschreiber
am Tag des Reisepasses benutzen?
Sony erhebt vorsichtshalber mal den Zeigefinger.

Narita, der internationale Flughafen von Tokio, begrüßte ankommende Passagiere bis vor wenigen Jahren mit zwei Tafeln. Eine tätschelte auf japanisch: »Otsukaresama deshita. Nihon e yokoso.« (Nach der langen Reise sind Sie bestimmt müde. Willkommen in Japan.), während die zweite auf englisch den Zeigefinger hob: »Welcome to Japan. Please respect the rules.« (Willkommen in Japan. Bitte beachten Sie die Regeln.) Beide Schilder zusammengenommen ergaben also folgende Botschaft: »Ihr Ausländer könnt ja sowieso kein japanisch, also können wir unsere aus der Fremde heimkehrenden Kinder ruhig freundlich begrüßen, ohne daß ihr es merkt. Bevor wir euch die gleiche Zuneigung zuteil werden lassen, zeigt uns erst mal, daß Ihr euch anpassen könnt, dann sehen wir eventuell weiter.« Wie aber diese geheimnisvollen »Regeln« aussehen, darüber wurde der ausländische Gast im Unklaren gelassen. Wenn nun aber schon so groß auf die »Regeln« hingewiesen wurde, dann mußten diese doch wahrscheinlich andere als die der Herkunftsländer der Touristen sein. Man erwartete, daß sie ebenfalls groß und deutlich aufgelistet werden. Aber die englische Tafel schickte einen ins Leere. Kein konkreter oder irgendwie weiterführender Hinweis war zu sehen. Wer den Text wirklich ernst nahm – unmittelbar nach der Paßkontrolle war er immerhin der erste offiziell wirkende englische Text auf japanischem Boden –, der mußte sich gleich in den ersten Minuten im Land wie Herr K. aus Kafkas »Prozeß« fühlen. Wahrscheinlich fiel diese Quälerei doch irgendwann einem kosmopolitischen Landsmann auf, und so wurde rechtzeitig vor den Olympischen Spielen in

Nagano das englische Schild auf ein einfaches »Welcome to Japan« verkürzt.

Ausländern muß also zunächst einmal mitgeteilt werden, daß es in Japan überhaupt Regeln gibt. So unklar ihre Definition auch ist, ihre bloße Existenz ist viel zu wichtig, als daß sie auch nur ein Geschäftsmann auf Drei-Tage-Businesstrip ignorieren dürfte.

Auch im Land selbst entgeht der Ausländer der Belehrung über die Existenz von Regeln nicht. »Globalisierung ja – aber halten wir die Regeln ein!« Das steht (auf Japanisch) auf der einen Seite der Kugelschreiber in der Ausländerbehörde, die für die naturgemäß ausländischen Antragsteller bereitliegen. Auf der Rückseite lesen wir auf japanisch: »Ihre Mitarbeit, damit illegale Beschäftigung gestoppt wird!« Aha, endlich mal eine konkrete Regel. Bloß eine ziemlich unverschämte, denn entklausuliert sollen wir wohl lesen: »Ihr Ausländer brecht dauernd die Gesetze und arbeitet auch noch schwarz. Hört endlich auf damit!« Dabei sind die Firmen, die Ausländer illegal beschäftigen, fest in japanischer Hand und werden kaum in Kontakt mit Kugelschreibern der Ausländerbehörden kommen. Wir Ausländer verstehen wohl die subtile Sprache des Regelwesens einfach nicht.

Diese Kugelschreiber sind die extreme Ausgeburt einer an sich gar nicht so extremen Grundüberzeugung der Japaner: In der sozialen Gemeinschaft hat jeder gegenüber den andern die gleichen Rechte und vor allem die gleichen Pflichten. Diese Pflichten verbrämen die Japaner heute gerne mit dem Wort »gute Manieren«. Manieren sind dabei nicht ein bloßes Zeichen guter Kinderstube, sondern überlebenswichtig. Denn die natürliche menschliche Reaktion auf die Enge in den japanischen Riesenstädten ist Aggression. Damit sich nicht alle vor Platzangst totschlagen, sind vielfältige Pflichten nötig, um das Zusammenleben in den Ballungszentren zu ermöglichen. Dieses System von Rechten, Pflichten und Manieren manifestiert sich in den ominösen Regeln.

Die Notwendigkeit von Regeln kann man also einsehen. Sie sollen Ordnung schaffen und so die Gemeinschaft erhalten. Deswegen empfinden Japaner Regeln nie als aufdringlich oder bevormundend. Aber mit dieser Regelhörigkeit nimmt das Drama auch schon seinen Lauf. Denn wer bestimmt Regeln eigentlich? Gesetze werden vom Parlament verabschiedet, Modestile von den Zeitschriften verbreitet und Tischsitten den Franzosen nachempfunden. Das Handikap der von allen Japanern so dringend gewünschten und benötigten Regeln aber ist, daß es keine anerkannte Autorität gibt, die sie festschreibt. Das heißt: Jeder kann eine Regel entwerfen und damit rechnen, daß sie auch bis zu einem gewissen Grad von denen befolgt werden wird, die von ihr erfahren. Es setzen sich nicht die Regeln durch, die nützlich für das Gemeinwohl sind, sondern die die meisten Leute erreichen. Je marktschreierischer ich eine Regel in die Welt hinausposaune, desto mehr wird sie allgemein akzeptiert werden. Dabei gilt das Gießkannenprinzip: Wir sagen es so laut, daß es jeder hört – dann sind garantiert auch die darunter, die gemeint sind. Seit Jahr und Tag mahnt der Zugschaffner per Lautsprecher jeden Morgen aufs Neue, das Handy auszuschalten. Aber auch die 99,9% der Fahrgäste fühlen sich nicht bevormundet, die selbst diese Vorschrift schon längst beachten. Keiner ärgert sich, denn jeder ist davon überzeugt, daß Regeln richtig sind, und da beißt man eben die Zähne zusammen, wenn es einen selbst nichts angeht.

Noch beliebter als die akustische Regelverbreitungsmethode ist die von Kugelschreibern und Flughäfen bekannte Slogan-Methode: Regeln in eine knackige Parolenform packen und an gut sichtbaren Stellen ins Blickfeld rücken. »Das Feuer ist dein Feuer, bis es erlischt.« An diesem poetischen Slogan erkennt man im Winter ein Feuerwehrgebäude. Er steht auf riesigen Transparenten, die von den Wänden des Gebäudes herabhängen. Viele Japaner heizen mit relativ primitiven Ölöfen mit offener Flamme. Da entstehen natürlich viele Brände aus Unachtsamkeit. Diese Warnung scheint so wichtig zu sein, daß sie im Winter sogar im Fernsehen bei Sendeschluß nach der Nationalhymne eingeblendet wird. Die meisten Slogans werden wie bei der Feuerwehr auf große Transparente gespannt: »1998 – Jahr der Verbrechensbekämpfung – die Stadtpolizei« prangte zweckfrei an den

Brückengeländern über den breiten Schnellstraßen der Stadt Tsukuba, wo bei uns höchstens ein prägnantes »Stau!« zu erwarten wäre. Ist das eine Selbstverpflichtung oder eine an potentielle, autofahrende Verbrecher gerichtete Drohung? Welche Pflicht oder Regel kann ich als unbescholtener Autofahrer daraus ableiten? Daß ich im Jahr 1999 schleunigst in eine andere Stadt ziehen sollte, weil sich die Polizei in Tsukuba dann aus dem nebensächlichen Aufgabengebiet der Verbrechensbekämpfung zurückziehen wird? Auf jeden Fall hat dieses Transparent soviel mit dem Verkehr zu tun wie ein leuchtend rotes »1989 – 40 Jahre deutsch-sowjetische Freundschaft« und erzielt auch genauso viel Aufmerksamkeit. Die Verwaltungen des Ostblocks und die Japans scheinen ihre Vorstellungen darüber, wie man die Bürger manipuliert oder erzieht, der gleichen obskuren Quelle entnommen zu haben; vielleicht der Broschüre eines Herstellers von Transparentstoffen.

Schnell merkt man, daß die japanischen Behördenhengste und Firmen über die Regelei ihre eigene Verantwortung auf die Individuen abzuschieben versuchen. Lieber eine neue Regel unters Volk bringen, statt selbst den Hintern zu heben und qua Amt einen mißliebigen Zustand zu verbessern. Statt die Betriebe schärfer zu überwachen, werden ein paar Kugelschreiber bedruckt. Statt kleine Mülleimer in den Zugwaggons aufzustellen, werden die Fahrgäste lieber aufgefordert: »Schauen Sie noch ein zweites Mal nach, ob Sie etwas liegengelassen haben.« Warum wehren sich Japaner, Bürger einer Demokratie und solvente Kunden, nicht gegen diese Verantwortungsdrückebergerei von Obrigkeit und Firmen? Vielleicht, weil in Japan gesellschaftlich akzeptiert ist, was im real existierenden Sozialismus genervt hat: Regeln müssen nicht nur, sie dürfen und sollen lärmend unters Volk gebracht werden. Im Verhältnis zum sonstigen Aktivitätsniveau entwickeln die Schreibtischtäter eine schier für unmöglich gehaltene Energie, jede noch so kleine Mitteilung mit Pauken und Trompeten dem Untertanen nahezubringen. Der Traum eines jeden Regelliebhabers ist dabei die Schaffung eines eigenen Gedenktages. Am 1. September findet jedes Jahr der »Tag der Katastrophenübung« statt. Im ganzen Land zeigen Feuerwehren,

Krankenhäuser und andere Notfallinstitutionen, wie gut sie auf ein großes Erdbeben oder einen Großbrand vorbereitet sind. Die Bürger können sich alles ansehen und erhalten Tips zur persönlichen Vorsorge. Der Hauptsinn aber ist es, daran zu erinnern, daß das große Desaster jederzeit kommen kann, und daß man jährlich überprüfen soll, ob die Batterien in der Nottaschenlampe noch voll sind und ob die Notration an Lebensmitteln noch haltbar ist. Was liegt da näher, als für alle Japaner einen einheitlichen Tag der Überprüfung festzusetzen? Man kann den Sinn eines solchen Gedenktages (der kein Feiertag ist) im erdbebengeplagten Japan noch recht gut verstehen. Aber was ist mit dem 20. Februar? Das ist nämlich der »Tag des Reisepasses«. Von dieser Blüte der japanischen Bürokratie-Kultur las ich zum ersten Mal auf einem Plakat, wieder in der Ausländerbehörde. Auf dem Plakat hält der markant gewichtige Sumo-Ringer Konishiki, ursprünglich Amerikaner aus Hawaii, der bei seiner Einbürgerung auch gleich einen ganz neuen japanischen Namen bekam, voller Stolz einen japanischen Paß in seiner Hand: »Shioda Yasokichi kann auf der ganzen Welt mit seinem Paß beweisen, daß er Japaner ist.« Im eigenen Land nützt dieses exklusive Vorrecht übrigens nichts: Japaner mußten bis in jüngste Zeit am Flughafen bei jeder Ausreise wie damals die DDR-Bürger einen »Ausreiseantrag« mit Angabe von Reiseziel, Reisegrund, Flugnummer und Aufenthaltsdauer stellen, der natürlich immer genehmigt wurde. Nach wie vor wird jede Aus- und Einreise mit einem Stempel im Paß dokumentiert. Aber so wertvoll ihnen der Paß auch immer sein mag, stellt er doch noch lange keinen Anlaß dar, einen Gedenktag festzulegen – dachte ich. Schließlich bringt der Tag keine besonderen Verpflichtungen oder Sonderzuteilungen, es gibt keine Gedenkveranstaltungen oder Preisverleihungen. Dieser Gedenktag dient einzig und allein dazu, alle daran zu erinnern, daß es Reisepässe gibt. Ich fand das so albern, daß ich gleich am nächsten Tag meine japanische Freundin fragte: »Wußtest du, daß es einen ›Tag des Reisepasses‹ gibt?« »Der ist doch am 20. Februar«, meinte sie ganz ernsthaft, meinen glucksenden Unterton vollkommen ignorierend. Sie zog ein kleines Blatt mit 20 gleichen Aufklebern aus

ihrer Handtasche: »Guck, das hat mir meine Freundin geschenkt.«
Auf den Aufklebern stand am Rand: »20. Februar – Tag des
Reisepasses«. In der Mitte prangte eine Comicfigur namens
»Paspo-kun« (»das kleine Reisepaß-Bärchen«). Hersteller: die
Ausländerbehörde höchstselbst. »Möchtest du einen?« - »Arghh!«,
schrie ich innerlich auf und klebte resignierend ein Reisepaß-
Bärchen auf die Rückseite meines deutschen Passes. Warum ausgerechnet der 20. Februar? Der 23. September (»Tag der Immo-
bilien«, eingeführt vom Verband der japanischen Makler) war
schon weg, ebenfalls der 15. August (»Tag der Taxis«). Der 11. 11.
ist bereits der »Tag der Pokki-Salzstangen« (eingeführt vom
Nahrungsmittelhersteller »Glico« aus dem einzigen Grund, daß
die vier Einsen im Datum an vier nebeneinandergelegte Salz-
stangen erinnern), und nachdem es selbst einen »Tag des Salates«
(7. Juni) gibt, kann man glaubhaft annehmen, daß der Paßbehörde
einfach keine große Auswahl mehr geblieben war.

Die Verbreitung hehrer Gemeinschaftsziele wird nicht nur von
den Behörden, sondern auch von den Firmen unterstützt. An

einem milden Aprilabend stand ich allein an einer Haltestelle der
von einer privaten Firma betriebenen Straßenbahn der Stadt Otsu
am Biwasee. Gerade brach die Dämmerung über die hohen
bewaldeten Berge der Umgebung herein, die Stille wurde nur
vom Zirpen der ersten Insekten durchbrochen, und die laue
Frühlingsluft trug meine Sinne davon. Da knarzte plötzlich der
Lautsprecher an der Haltestelle. ›Oh Gott‹, dachte ich, von der
Tokioter Yamanote-Bahn geschädigt. Würden sie jetzt bekanntge-
ben, daß es einen Personenunfall gegeben hat und die nächste
Straßenbahn erst in einer Stunde eintrifft? Nein. In Wirklichkeit
tönte aus dem Lautsprecher: »Heute sind bekanntlich die Wahlen
zum Provinzparlament. Die Wahllokale haben noch bis acht Uhr
geöffnet. Laßt uns alle die Demokratie unterstützen und wählen
gehen!« Wieder schrie ich innerlich auf. Was geht es denn diese
Firma an, ob ihre Fahrgäste wählen gehen oder nicht? Sie
scheucht die Leute auf, stört die Ruhe, nur, um uns auch noch
Vorschriften zu machen. Wir sind wohl mündig und intelligent
genug, um aus den viertausend Prospekten in unseren Brief-

kästen, den Millionen Werbeplakaten in der Stadt und den im Minutentakt durch die Straßen rasenden Wahlautos mit ihren Lautsprecherparolen gefolgert zu haben, daß da was im Gange ist. Vor allem aber ist eine private Firma die letzte Institution, von der ich an die Wahl erinnert werden möchte. Von ihr will ich als Kunde behandelt werden, mit Respekt. Ich erwarte eine Art Dank dafür, daß ich eine Fahrkarte gekauft habe, und möchte nicht belehrt werden.

Die Manager der Straßenbahnfirma aber handeln in dem guten Glauben, die Gemeinschaftsziele durch ihre Verlautbarungen zu unterstützen. Richtig pervertiert und ausgenutzt wird dieser Gemeinschaftsgeist aber noch von vielen anderen Firmen: »Auch bei Kopfhörern wollen wir die guten Manieren einhalten!«, steht auf einem Plakat, auf dem der neueste, glitzernde MD-Walkman von Sony groß abgebildet ist mit gezeichneten Ohrsteckern, die im Ohr eines Bahnbenutzers stecken. Das ist kein weiterer Ratschlag der Bahngesellschaft, das ist eine Ermahnung des multinationalen Konzerns Sony an Kunden in seinem Stammland Japan. Zu Deutsch: Immer leise drehen, auch unsere tollen Walkmänner, die – das will Sony dann doch nicht ungesagt lassen – mit der neuesten Digitaltechnologie ausgestattet sind und absolut cool aussehen. In Deutschland verbittet man sich solche Moralpredigten. »Wollt Ihr Eure Walkmänner verkaufen oder uns erziehen?« – mit solchen Gedanken im Hinterkopf würde sich der deutsche Kunde schnell von Sony abwenden. Die Japaner dagegen finden nichts Anstößiges an der Anzeige, nach dem Motto: »Wir Japaner müssen uns alle an Regeln halten, um zusammenleben zu können – und einer muß die Regeln schließlich machen.« Sei es der Staat, sei es die Feuerwehr oder sei es eine ganz normale Firma. Natürlich will Sony in erster Linie Geschäfte machen. Der verführerisch glitzernde Walkman der Sony-Anzeige weckt erstmal Kauflust. Man schaut hin und – ätschibätsch – kriegt man einen Schlag in den Magen: »Kaufen – ja gerne. Aber ja nicht zu laut drehen.« Wahrscheinlich gibt diese Ermahnung japanischen Käufern mit Maso-Tendenzen den letzten Kauf-Kick. In der gleichen

Sprache, in der Firmen zur Einhaltung von Regeln ermahnen, ermahnen sie auch zum Kauf ihrer Produkte.

Am besten werden beide Strategien kombiniert. »Laßt uns gute Manieren kaufen!« lautet die Werbung für ein Etui namens »Pockero«, das als »tragbarer Aschenbecher« angepriesen wird. So ist man der Peinlichkeit enthoben, den Zigarettenstummel einfach auf die Straße zu schmeißen. Und dafür, daß man sich nicht danebenbenimmt, darf man der Herstellerfirma pro Einweg-Aschenbecher 100 Yen★ überreichen, wofür man fast eine halbe Packung Zigaretten bekommt. Der Unterschied zwischen diesem reinen Werbeplakat und dem danebenhängenden klassischen »Parolenplakat« der Bahngesellschaft (»Wollen wir aufhören, uns auf den letzten Drücker in den Zug zu quetschen!«) verschwimmt für den ungeübten Beobachter völlig.

Anfang 1997, als Handys in Japan noch nicht so lange verbreitet waren, daß sich ein Regelkodex für den richtigen Gebrauch hätte durchsetzen können, mietete die Telefongesellschaft J-Phone ganze Waggons für ihre Anzeigen. Da stand: »Laßt uns damit aufhören, die Leute im Zug mit unseren Anrufen zu belästigen! Laßt uns das Telefon auf die Anrufbeantworter-Funktion stellen, wenn wir in den Zug steigen!« Nach dem Wort »Anrufbeantworter« befand sich ein Sternchen, und in der zugehörigen Fußnote las man dann: »J-Phone ist übrigens die einzige Telefongesellschaft überhaupt, deren Handys eine Anrufbeantworter-Funktion haben.«

Japan ist wohl das einzige Land auf der Welt, in dem in der Werbung der Appell an den Gemeinschaftsgeist, an die guten Manieren, als Kaufargument zieht und in dem Werbeslogans als ermahnende Pflichterinnerungen formuliert werden können. Es spricht eigentlich für die Japaner, daß sie Wert auf den Gruppengeist und das gute Benehmen legen. Aber gegenüber Bürgern einer Demokratie und potentiellen Kunden wirken solche Befehle arrogant, beleidigend und, angesichts des tatsächlichen niederen Beweggrundes, als kulturelle Amtsanmaßung.

★ 100 Yen sind grob einen Euro wert.

Aber die Japaner sind gegenüber der Regelei sehr tolerant. Im Studentenwohnheim der Universität Tsukuba sind auf jedem Gang mehrere Lautsprecher installiert. Ursprünglich wohl, um wichtige Bekanntmachungen auch den Studenten nahezubringen, die gerade schlafend den Unterricht schwänzten. Aber wenn einmal ein solch bequemes System installiert ist, dann verführt es auch zur Benutzung – vor allem, wenn sich die Benutzer einbilden, daß ihre Mitteilungen von höchster Dringlichkeit sind. So hat es sich eingebürgert, daß jeden Morgen um sieben Uhr der Lautsprecher knarzt, eine halbe Minute nur Husten und Räuspern zu hören ist, und dann ein aufdringliches »Guten Morgen!« erschallt. Und was sagen sie dann? »Heute nachmittag findet um vier Uhr das Baseballspiel gegen die Meiji-Universität statt. Wollen wir alle recht zahlreich kommen!«, oder:»Das Seminar bei Professor Kumazawa in altfranzösischer Literatur beginnt eine Stunde später.« Wie aufmerksam, daß sie sich die Mühe machen, mir und 5.000 anderen unbeteiligten Studenten mitzuteilen, daß wir genau wie vier Romanistik-Studenten noch länger hätten schlafen können, hätte uns nicht so eine dumme Durchsage geweckt.

Ein deutscher Freund, der zwei Monate in einem ähnlich ausgestatteten Firmenwohnheim in Kioto untergebracht war, rang lange mit sich, bevor er sich dazu entschließen konnte, auf die wertvollen allmorgendlichen Informationen fortan zu verzichten. Er lieh sich eine Kneifzange.

Schuhe
Das Elfte Gebot:
»Du sollst Deine Schuhe ausziehen!«

Sanitäter zeigen Stil.
Die unzertrennliche Beziehung zwischen Ausländern und Toilettenschuhen, zwischen Filz und Privilegien und zwischen Schnürsenkel und Fersenteil.

Ein deutscher Bekannter in Tokio hatte vor Jahren ein tragisches Erlebnis. Sein ebenfalls deutscher Mitbewohner beging in der gemeinsamen Wohnung Selbstmord, er hatte sich eine Plastiktüte über den Kopf gestülpt, sie zugeschnürt und in ein vorher dafür genau zugeschnittenes Loch den Schlauch vom Gashahn eingeführt und das Gas aufgedreht. Als der Gasgeruch bis in das Zimmer meines Bekannten vorgedrungen war, stürmte er zu seinem Mitbewohner, stellte das Gas ab, riß ihm die Tüte vom Kopf – er rührte sich nicht mehr – und rief den Rettungsdienst. Der Krankenwagen war in fünf Minuten da. Die Sanitäter und der Arzt hetzten die Treppe hoch, traten in den Flur – und blieben dort erst einmal alle stehen, um sich die Schuhe auszuziehen, bevor sie es wagten, in Strümpfen das Zimmer des Selbstmordkandidaten zu betreten und die dringenden Notfallmaßnahmen einzuleiten. Es lag hoffentlich nicht an den 15 Sekunden, die das Ausziehen der Schuhe gedauert hatte, daß der Patient noch auf dem Weg ins Krankenhaus starb. Die Persistenz dieser Sitte selbst in einer Extremsituation zeigt, wie ernst sie den Japanern ist. Und sie macht deutlich, wie groß der Fauxpas in ihren Augen sein muß, wenn ein Ausländer die Sitte des Schuheausziehens nicht respektiert. Dabei unterläuft Ausländern eher selten der Fehler, eine japanische Wohnung mit Straßenschuhen zu betreten. Viel eher passiert es, daß wir uns im innerhäusischen Schuh-System verheddern.

Dabei betet doch jeder Reiseführer gebetsmühlenhaft herunter: Im Hauseingang aus den Straßenschuhen in die bereitstehenden

Pantoffeln schlüpfen. Mit Reisstrohmatten ausgelegte Zimmer aber immer nur in Strümpfen betreten. Vor den Toiletten die Pantoffeln auszuziehen und in die extra bereitstehenden Toilettenschuhe schlüpfen. Nach dem Verlassen der Toilette wieder in die Hausschuhe wechseln. Leider bin auch ich schon mehrmals in Toilettenschuhen wieder in das Speisezimmer zurückgeschlurft, wo nach einem streifenden Blick auf meine Füße in Sekundenbruchteilen die Atmosphäre gefror. Meinen japanischen Gastgebern versagte die Stimme und sie schauten angestrengt höflich nach oben, um ja nicht noch mal den Stein des Anstoßes sehen zu müssen. Daß sie derart auf den Anblick von Klopantoffeln reagieren, spricht nicht gerade für die Sauberkeit japanischer Toiletten. Ein deutscher Freund plädiert daher sogar für eine Verschärfung der Regeln: »Gummistiefel statt Toilettenpantoffeln!«

Wie die Wohnungen, so ist das ganze Land scharf in schuhfreie und schuhbare Zonen unterteilt. Geschäfte, Gaststätten, Behörden und die meisten Bürogebäude kann man meist ungehindert in Straßenschuhen betreten. Vor Sportzentren, Tempeln, Krankenhäusern, Arztpraxen und vielen Museen heißt es dagegen unmißverständlich auf großen Schildern: »Schuhe aus!«. Und während man eine Modeboutique ganz normal in Straßenschuhen durchläuft, achten die Verkäuferinnen scharf darauf, daß man vor dem Betreten der Umkleidekabine auch ja die Schuhe vor dem Vorhang läßt.

In den Schulen hat jeder Schüler in seine mit Namen gekennzeichneten Plastikschlappen zu schlüpfen, die in ebenfalls namentlich gekennzeichneten kleinen Boxen am Eingang stehen. So stauen sich die Schüler vor Schulbeginn jeden Morgen im Eingangsbereich, weil alle gleichzeitig die Schuhe wechseln und in die Boxen stellen. Auch an meiner Uni gab es einen Vorlesungsbereich, den man nicht mit Straßenschuhen betreten durfte. Entsprechend standen am Eingang gleich zwei große Boxen für die Straßenschuhe, in denen gleichzeitig Pantoffeln bereitgestellt waren. Eine Box war für das Lehrpersonal, die andere für die Studenten. Die Studenten bekamen die normalen Plastikschlappen in der einfachsten Ausfertigung, während das Lehrpersonal besondere, gefütterte Pantoffeln erhielt, die weicher und somit luxuriöser waren. Ein Text auf jedem Professoren-Pantoffel wies noch einmal auf dessen Exklusivität hin: »Nur für Lehrpersonal und Universitätsbesucher. Benutzung für Studenten streng verboten!«

Ob Filz oder Plastik – es ist nicht nur unangenehm, sondern auch unhygienisch, wenn man an den verschiedensten Orten in Pantoffeln schlüpfen muß, in denen bereits ein paar tausend Füße gesteckt haben. Kein Wunder, daß Reklamespots für Mittel gegen Fußpilz ein Dauerbrenner im japanischen Werbefernsehen sind …

Die strenge Sitte des Schuhablegens ist allerdings selbst den Japanern lästig. Ein Gasableser muß sich jeden Tag über fünfzig Mal seiner Schuhe entledigen (und tut es), wenn er an die Zähler in den Wohnungen heranmöchte. Das Auf- und Zubinden der Schnürsenkel wird da zur Sisyphusarbeit: Kaum drin, schon wieder raus. Nur wenige Leute entfliehen diesem Zwang, indem sie in einfach abzulegenden Sandalen oder Straßenslippern durch die Gegend ziehen. Diese Blöße möchte sich im hypermodebewußten Tokio auch wiederum niemand geben. Die meisten verzichten da lieber aufs Auf- und Zubinden und quälen sich direkt in den gebundenen Schuh hinein oder aus ihm heraus. Eine solche Behandlung zerdrückt natürlich schon nach wenigen Malen das Fersenteil des Schuhes, und so haben in der Armee von Schuhen im großen Eingangsbereich meines Sportzentrums fast alle ein eingedelltes Fersenteil. Aber selbst die schönsten italienischen Lederschuhe sehen schäbig aus, wenn sie so behandelt werden. Die hübschen jungen Japaner mit ihren gepflegten Frisuren und den teuren Klamotten wirken seltsam widersprüchlich, wenn man den Blick ganz nach unten wandern läßt und die zerdellten Treter sieht.

Auch wenn das Schuhschnüren entfällt, muß man immer noch das Fersenteil hochziehen. Sich bücken und es mit der Hand hochziehen macht den Zeitgewinn schon fast wieder zunichte. Daher beherrschen die meisten es im Laufen: Beim Schritt vorwärts rutscht der Fuß tief in den Schuh nach vorne, mit dem Rückschwung kann man dann mit der Ferse das Fersenteil wieder hochstülpen. Das sieht allerdings immer ein bißchen behindert aus, vor allem wenn man eine größere Gruppe ein Gebäude der schuhfreien Zone verlassen und die ersten paar Schritte kollektiv hinken sieht. Noch unästhetischer wirken nur die radikal Faulen. Sie verzichten ganz aufs Hochschieben des Fersenteils und stehen mit nach hinten offenen Schuhen in der U-Bahn und im Büro. ›Da wären praktische Slipper dreimal ansehnlicher‹, denkt der ungeschulte westliche Beobachter, dem das komplexe Verhältnis von Landesbräuchen, aktueller Mode und Bequemlichkeit im fernöstlichen Wertesystem verborgen bleibt.

Diese undurchschaubare Wertewelt muß auch der Grund sein, warum Japanerinnen um jeden Preis an hochhackigen Absätzen festhalten. Während der Kampf mit dem Schuhschnüren hauptsächlich die Männer betrifft, scheinen Frauen keine normalen Schuhe im Schrank zu haben. Selbst durch den seltenen Tokioter Schnee stapfen sie mit hohen Absätzen. Diese sind nicht nur Modeaccessoire, sondern essentielles Mittel gegen den Komplex, zu klein zu sein. Mittlerweile erreicht dieser kaufbare Zusatz an Körperlänge bis zu 30 Zentimeter. Riesenabsätze heben selbst eine kleine Frau von 1,49 m auf Ausländerhöhe. Erst in der Wohnung (Schuhe aus!) merkt man dann, daß einem die Japanerin gerade bis unter die Brust reicht.

Der Sinn des Schuheausziehens scheint vielen Japanern gar nicht mehr so präsent zu sein. Warum sonst fragt jeder japanische Besucher, der zum ersten Mal in meinem Wohnungseingang steht: »Muß ich bei dir auch die Schuhe ausziehen?« Als ob das Schuheausziehen nicht eine Sache der Hygiene, sondern ein weiterer, auf Ausländer und ihre Wohnungen nicht anwendbarer Brauch wäre, wie Verbeugen oder demokratisches Karaoke-Singen. Ich will es nicht beschreien, aber bei vielen, die mich am Eingang fragen, ob auch in meiner Wohnung das Schuhverbot gilt, sehe ich den Blick in mein Wohnzimmer, der zu fragen scheint: »Darf ich es bei dir vielleicht mal ausprobieren, wie es sich anfühlt, einen Teppich MIT Schuhen zu betreten?«

Essen
Die mit dem Bauch denken

Warum man rohen Fisch nicht mögen darf.
Das einzige Land, das seinen Nationalcharakter
über Sojabohnenbrei definiert.
200 Kilometer Autofahrt für ein Kilo Pfirsiche.
Wann Astronautennahrung Rotwein vorzuziehen ist.

Na, wie wär's zur Abwechslung mal mit ein bißchen vergorenem, schleimartigen Sojabohnenbrei aufs Abendbrot?

Das japanische Gericht »Natto«, dessen zutreffende, plastische Beschreibung aus einem deutschen Reiseführer stammt, ist ein äußerst beliebter Imbiß, der zusammen mit Reis gegessen wird. Aber zum Glück muß der Gast in Japan seinen Respekt vor der Kultur des Gastlandes nicht zeigen, indem er selbst die widerwärtigsten Speisen mit einem möglichst in Landessprache geäußerten »Lecker« herunterwürgt. Im Gegenteil, den japanischen Gastgeber freut es, wenn man ein paar der typischen Landesgerichte angeekelt stehenläßt. Vor allem Natto, rohen Fisch und Tintenfisch sollte man nicht anrühren. Warum? Weil auch beim Essen der Ausländer nicht einfach Mensch ist – er ist in erster Linie Ausländer und damit kein Japaner. Deshalb darf er auch nicht einfach mögen, was Japaner gern essen. Nichts ist den Japanern lieber als ein Ausländer, der ihre Vorurteile über Ausländer bestätigt. Japaner lieben es, darüber nachzudenken, was sie unterscheidet von allen anderen Menschen auf diesem Planeten. In ihren selbst so definierten Nationalcharakter packen sie asiatische Geistesströmungen wie ihre angeborene Höflichkeit, den Unterschied zwischen dem Gesagten und dem Gemeinten, den Respekt vor den Höherstehenden. Aber eben auch ganz unphilosophisch das, womit sie ihren Bauch füllen: ihr Essen. Die ersten beiden Fragen, die Japaner einem Ausländer stellen, unterscheiden sich kaum von denen des Rests der Welt: »Woher kommen Sie?«, und: »Wie gefällt Ihnen unser Land?«. Die dritte

Frage ist schon ein bißchen japantypischer: »Warum können Sie so gut Japanisch?« Aber die vierte Frage taucht wohl so schnell in keinem anderen Land auf: »Mögen Sie japanisches Essen?« (Eine fünfte Frage gibt es übrigens auch – aber dazu später mehr.) Zögert der ausländische Besucher auch nur kurz auf die Frage nach dem Essen, präsentiert ihm sein japanischer Gesprächspartner garantiert sofort eines der drei oben genannten Gerichte, Natto, Tintenfisch oder rohen Fisch. Dann wartet er erwartungsvoll auf die einzige seinem Weltbild entsprechende Antwort: »Nein, das ist ja eklig. Wie kann man so etwas essen?«, um verschmitzt in sich hineinlächeln zu können: »Die Ausländer werden uns nie verstehen. Wir sind eben so unheimlich toll verschieden.« Der Gast wird aber nur ein verständnisvolles, fast entschuldigendes Lächeln gezeigt und zu hören bekommen: »Wir sind ja auch seltsam, es ist nur natürlich, daß Sie sich davor ekeln.«

Die Häufigkeit der Frage nach dem Essen und die immer gleichen Beispiel-Gerichte sind so auffallend, daß man fast denken könnte, die japanischen Kinder lernen in der Schule auswendig, welche Gerichte Ausländer eklig finden. Wenn dem so wäre, sollte allerdings der Lehrplan geändert werden. Denn roher Fisch ist vor allem als Sushi-Belag schon längst in die internationale Küche eingegangen. Viele Japaner wissen, daß es in der ganzen Welt genau zwei Kulturen gibt, die traditionell Tintenfisch verzehren: Japaner und die Mittelmeervölker (gelernt ist gelernt!). Aber was sie nicht wissen, ist, daß Spanien im Gegensatz zu Japan kein abgeschottetes Inselreich ist, und somit die Zutaten der spanischen Küche inklusive Tintenfisch in ganz Europa bekannt und beliebt sind. Und auch mit Natto haben sie Pech. Zwar finden es alle Ausländer, die ich kenne (bis auf einen 37jährigen Schweden, der auch sonst unangenehm aufgefallen ist), tatsächlich eklig (zwar nicht so sehr wegen des deftig-salzigen Geschmacks, sondern der erwähnten schleimartigen Konsistenz), aber das Pech mit Natto ist eben, daß es unter den Touristen und neu nach Japan gezogenen Ausländern fast niemand kennt, und schon gar nicht unter seinem japanischen Namen. So bekommen die Japaner meist statt

dem erhofften emotionalen »Neeiin! Igitigitt!« ein sachlich ver-
wundertes »Was ist Natto?« zu hören. Erklären können sie es dann
aber nicht. Warum soll man auch etwas erklären können, das
sowieso jeder (=Japaner) kennt? Somit ist die Frage nach der
Verträglichkeit japanischen Essens oft der Konversationskiller
schlechthin. Wählt der japanische Gesprächspartner das Beispiel
rohen Fisch oder Tintenfisch, durchbricht der Ausländer das
Ritual, indem er unschuldig meint, mit einem freudigen »Ja, das
mag ich!« dem japanischen Gastgeber eine Freude machen zu
können. Dabei hätten die Japaner es leicht, Zutaten ihrer Alltags-
und Spezialitätenküche zu präsentieren, die wirklich jeden
Ausländer erbleichen lassen würden. Vor allem aus dem Meer
holen sie sich Dinge, die andernorts Autoren von Survival-
Ratgebern an Selbstmord denken lassen würden. Algen in allen
Farben, Formen und Aggregatzuständen machen da nur den
Anfang. Krebsgedärm (»Kani-no-miso«) in Konsistenz und Farbe
von Durchfall ist ebenso ein Leckerbissen wie das breiartige
Innere des Seeigels. Vor Hoya, einem gummiartigen, pocken-
narbigen Tier in knalligen Farben mit Brackwassergeschmack,
kapituliert selbst das deutsche Wörterbuch, das als Übersetzung
gerade noch ein kraftloses »eine Art wirbelloses Meerestier« her-
vorhaucht. Und ausschließlich Japaner werden die sich an der
Zunge festsaugenden Tentakeln eines lebenden Tintenfischs als
»interessantes Eßgefühl« beschreiben.

Essen nimmt einen zentralen Platz im japanischen Denken ein.
Nicht umsonst steht in hunderten von Redewendungen im
Japanischen das Wort »Bauch« stellvertretend für alle Arten von
Gefühlen: »Der Bauch steht auf« (»hara-ga tatsu«), wenn man »sich
ärgert«, und »aufgeregt sein« heißt einfach »Bauch-Bauch
machen« (»hara-hara suru«). Klar: Wer so oft ans Essen denkt, für
den ist der Ort, an dem dieses Essen verarbeitet wird, das heilige
Zentrum der Gefühle. Und so lautet die fünfte Frage an den neugewonnenen ausländischen Freund normalerweise: »Was ist denn
die nationale Spezialität in Ihrem Land?« In meinem Fall eine eher
rhetorische Frage, die sofort selbst beantwortet wird:
»Deutschland, das ist doch das Land mit Würstchen und Bier,

oder?« Auf diese nur bedingt provokativ gemeinte Frage erwidere ich gerne: »Ja, das stimmt. Allerdings haben wir zweihundert und nicht nur zwei Sorten Würstchen, und Bier schmeckt bei uns nicht nur besser, es ist auch nur halb so teuer.«

Neulich hörte ich in einer Fernsehsendung über Italien den Schlüsselsatz: »Um echten Parmesan zu genießen, müssen Sie nach Parma reisen.« Trotz dieses großen Schwachsinns bin ich mir sicher, daß Tausende von japanischen Zuschauern nach der Sendung ihre Reiseplanung fürs kommende Jahr auf Parma umgestellt haben.

Essen ist neben Shopping nämlich der zentrale Grund des Reisens für die meisten Japaner. Eine Bekannte fuhr bei einer Frankreich-Reise extra über die deutsche Grenze bis nach Kehl, nur weil sie die deutsche Spezialität »Eisbein« essen wollte. Sie war sehr enttäuscht, weil kein einziges Lokal das Gericht in großen Tafeln auf der Straße ankündigte. Ohne Deutschkenntnisse traute sie sich nicht zu fragen und mußte unverrichteter Dinge wieder abziehen.

Das Frustrierende an dieser Denkweise ist nicht, daß Essen wichtig ist, sondern daß alle anderen Gründe ein fremdes Land zu besuchen dahinter zurückstehen. Thailand – das sind nicht jahrhundertealte buddhistische Tempelanlagen und kilometerlange Sandstrände, das ist extrascharfes Curry mit Kokosnußmilch. Und bei Deutschland denkt man nicht an mittelalterliche Burgen oder rauschende Techno-Nächte, sondern Deutschland sind große, appetitlich zubereitete Fleischstücke – und eben Bier. Wenigstens halten sie es auch im eigenen Land nicht anders. Eine Freundin, die in der Stadt Sendai aufgewachsen ist, fuhr als Kind mit ihrer Familie oft sonntags in die Provinz Fukushima. Die berühmte Burg in Aizu-Wakamatsu, letzte Bastion der Samurai während der Meiji-Restauration, oder die rauh-wilde Küstenlandschaft der Provinz am Pazifischen Ozean hat sie dabei allerdings kein einziges Mal gesehen. Nein, die Familie fuhr die 200 Kilometer von Sendai nur, um Pfirsiche zu kaufen, wie meine Freundin steif und fest behauptet. Die Pfirsiche von Fukushima sind berühmt in ganz Japan. Aromatisch, süß, wohlgeformt. Aber reicht das als Grund, einen ganzen Tag zu verplempern? Wir Deutschen bewegen uns, weil wir Neues sehen wollen, aus Lust an der anderen Umgebung. In Japan scheint dieser Grund nicht auszureichen. Wenn wir erklären: »Ich fliege übermorgen für eine Woche nach London«, dann sagen Deutsche: »Toll!« Ein Japaner fragt dagegen: »Warum?« Japaner müssen für Reisen einen akzeptierten Grund vorschieben. Und so schließt sich der Kreis. Wenn Essen auch nicht der wirkliche Grund für eine Reise ist, so zeigt doch der Umstand, daß es als Vorwand am häufigsten genannt wird, den grundsätzlichen Stellenwert des Essens im japanischen Weltbild.

Es ist also kein Wunder, daß internationale Küche auch in Japan einen riesigen Freizeitwert hat. Italienische, französische oder auch indische Restaurants gehören so selbstverständlich zur Infrastruktur jeder größeren Kleinstadt wie in Deutschland. Während in Deutschland aber diese Lokale oft von Einwanderern geführt werden, hat Japan damit ein kleines Problem: Es gibt keine Einwanderer. Die gerade mal 3.000 Italiener in Japan (gegenüber 600.000 Italienern in Deutschland) haben sicher Besseres zu tun, als sich an Pizzaöfen zu stellen. Daher liegt in altbewährter Manier auch die gesamte ausländische Spezialitäten-Gastronomie in japanischer Hand. Und so schmeckt es auch. Grundsätzlich fehlt jedem europäischen Gericht schon mal Salz. Das mag wie ein minderes Problem klingen, aber die wenigsten Restaurants stellen Salz- und Pfefferstreuer zum Nachwürzen bereit. Vielleicht liegt es daran, daß die salzige Würze in der japanischen Küche aus der Sojasoße und dem scharfen Anbraten stammt und nicht vom Salz. Wahrscheinlich hat sie diese Tradition vergessen lassen, daß wir in Europa keine Sojasoße zum Nachwürzen haben. Pizza findet man an jeder Straßenecke, zum Beispiel eine »Mais-Thunfisch-Pizza« oder eine »Algen-Soja-Pizza«. Wer es süß mag, kann auch für eine »Marmeladen-Pizza« optieren oder die beliebte »Mais-Frucht-Pizza«. Klingt alles vielleicht interessant, schmeckt aber nicht so.

Wer aufschreit, wenn er beim Italiener eine Algen-Pizza serviert bekommt, sollte erst recht auf Rotwein verzichten. Denn nicht nur in Supermärkten und Kombinis★ wird Rotwein aus dem Kühlschrank verkauft. Gerade in Lokalen und Kneipen bis hin zu »italienischen« Spezialitätenrestaurants, die so affektiert sind, daß die Speisekarte ausschließlich in dem in Japan nicht so verbreiteten Italienisch erhältlich ist, hat der Rotwein garantiert die erfrischende Temperatur von sechs Grad. Rotwein trinkt man bekanntlich nahe der Zimmertemperatur. Bei Kühlschranktemperaturen kann sich der Geschmack überhaupt nicht entfalten. Dann täte man besser daran, gleich ein kühles Bier zu trinken. Aber die Japaner merken natürlich überhaupt nicht, was sie sich antun. Sie wählen den teuersten Wein auf der Karte, nehmen einen kalten Schluck und bilden sich wahrscheinlich ein, daß sie gerade die authentischste Italienerfahrung jenseits des Urals haben. Man kann ihnen eben alles verkaufen, den gutgläubigen Japanern. Das französische Wort »Gurume« ziert jede Speisekarte westlicher Restaurants, aber in Wirklichkeit haben sie von »Gourmet«-Genüssen keine Ahnung – und wollen wohl auch keine haben. Ich hatte letzthin in der Shinjukuer Filiale der Italo-Restaurant-Kette »Spaghetteria« eine Karaffe des roten Hausweins bestellt. Kurze Zeit später stellte der Kellner eine Bierflasche auf den Tisch, mit Henkelverschluß. Auf dem notdürftig abgepulten Etikett konnte man noch den Namen der holländischen Biermarke »Grolsch« lesen. Frisch aus dem Eisfach kam die Flasche, Inhalt: Rotwein, wohl aus dem 2-Liter-Karton umgefüllt.

Würden sie doch bei ihrem eigenen Essen bleiben, die Japaner! Denn da ist zumindest sicher, daß es gesund hält. Ernährungswissenschaftler sind sich einig, daß die traditionellen vier Elemente der japanischen Küche, Reis, Gemüse, Fisch und Eier, getoppt durch das Frischegebot, eine überaus ausgewogene und gesunde Ernährungsgrundlage bieten. Bloß scheinen die Japaner

★ Ein »Kombini« (Verballhornung von englisch »convenience store«) ist ein kleiner Laden mit allen Artikeln für den täglichen Bedarf, der meist 24 Stunden geöffnet hat und an fast jeder Straßenecke zu finden ist.

ihren natürlichen Standortvorteil nicht zu würdigen. Anstatt nämlich ihre Gesundheit einfach dem traditionellen Essen anzuvertrauen, fallen gerade jüngere Japaner einer unheilvollen Auffassung anheim: In normalem Essen kann nicht alles stecken, was der Körper braucht. Also muß ich es dem Körper extra zuführen, und zwar in Form von Spezial-Pillen, Tabletten und Gelees. Mit dieser Meinung stehen die jungen Japaner natürlich nicht alleine. Multivitamintabletten und anderes Zeugs verkauft sich schließlich auch in Deutschland glänzend. Aber Deutschland ist wahrlich nur ein schwacher Abglanz des Booms, den diese »Nahrung« in Japan erlebt. Nein, die Auffassung der Japaner ist eher: Alles, was der Körper braucht, kann man aus Astronautennahrung beziehen. Normales Essen ist überflüssig.

Diese Drinks und Pillen schmecken nach nichts und haben psychedelische Farben. Außerdem ist es verdammt cool, wenn man in diesem Land, in dem die Hälfte der Teenager in den Traumwelten der Science-Fiction-Comics lebt, seine Energie nicht mehr von profanem Essen, sondern aus glitzernden Päckchen genau dosiert und abgepackt beziehen kann wie ein Roboter. Eine Fernsehsendung stellte so einen Otaku-Japaner vor. Er hat alle Wände seines Zimmers mit Aluminium verkleidet, um eine Raumschiffatmosphäre zu erzeugen. Stolz öffnet er den verchromten Kühlschrank, in dem sich ausschließlich metallisch glitzernde Energie-Drinks in verschiedenen Sorten befanden. Der japanischen Nahrungsmittelindustrie kommt dieser Boom der Weltraumnahrung natürlich recht, wenn sie ihn nicht sowieso selbst ausgelöst hat. Schließlich darbt in diesem Land eine Nahrungsmittel-Industrie schon per Definition, denn das Frischegebot der traditionellen japanischen Nahrung schließt eben eine industrielle Verarbeitung aus. Durch Pillen und Flüssigkeiten hat sie Oberwasser bekommen. Entdeckt die Forschung in natürlicher Nahrung einen Stoff, den der Körper braucht, vergehen kaum drei Wochen, und genau dieser Stoff – und nur dieser – ist in reiner Getränkeform auf dem Markt. »Polyphenole« sind die neuen Wunderstoffe, die das Herz vor Verkalkung schützen. Und schon stehen nicht nur »Polyphenol«-Schokoladen und »Polyphenol«-Gebäckstangen, sondern auch ein speziell gepanschter »Rotwein mit doppeltem Polyphenol-Gehalt« im Supermarktregal.

Warum können sie nicht einfach einen Apfel essen? Wahrscheinlich müßte man Äpfel einfach besser vermarkten. In drei bis vier Verpackungen einschweißen und dann auf die äußere Hülle ein poppiges Etikett kleben: »Power-Kugel. Enthält die Vitamine A, B6 und B12, Spurenelemente und die Ballaststoffe eines ganzen Apfels! In saftigem Apfelgeschmack«. Ein unpraktischer Nachteil bliebe: Man müßte in die »Power-Kugel« immer noch uncool mit den eigenen Zähnen hineinbeißen und könnte nicht etwa einen Strohhalm hineinstecken oder sie mit einem Plastiklöffel auslöffeln.

腹で考える

E
S
S
E
N

Schwimmbad
Japan im Schnelldurchschwimm

Seife und Shampoo sind streng verboten. Spaßfaktor 10: gemeinschaftliche Erholungspausen. Badehosen für Prüde. Japanisch für Affen. Verkehrsregeln für Kassen.

In den engen japanischen Großstädten sind Schwimmbäder nicht länger als fünf und nicht breiter als drei Meter. 90 Prozent der technikbegeisterten Japaner tragen Badehosen mit integriertem Sony-Pulsmesser, und die Frauen haben fast alle eine Schwimmkappe des Pariser Couturiers Louis Vuitton. Das Wasser ist lagunengrün koloriert, riecht nach Erdbeere und hat immer die wohligen 38 Grad, die man von den beliebten heißen Quellen in den japanischen Bergen gewöhnt ist.

Stopp! Alles Lüge. Auch wenn so geartete Schwimmbäder durchaus ins Japan-Bild mancher Ausländer passen würden, man schwimmt in japanischen Schwimmbädern tatsächlich in einem ganz normalen 25m-Becken, Männer wie Frauen tragen ganz normale Badekappen und Chlorbrillen, denn das Wasser ist nicht koloriert, sondern chloriert, und, wie in allen Schwimmbädern der Welt, immer zu kalt, wenn man hineinsteigt. Auf den ersten Blick und auch auf den zweiten Blick ist also alles ganz normal. Alles? Nein. Ein Schwimmbadbesuch in Japan ist eine Achterbahnfahrt durch das japanische Wesen.

Die zunehmende Erleichterung, daß zumindest im Schwimmbad nichts anders ist als zu Hause, wird spätestens nach einer knappen Stunde jäh zerstört. Jedes öffentliche Schwimmbad zwingt die Schwimmer nämlich alle dreißig bis fünfzig Minuten zur gemeinschaftlichen Erholungspause – mit Spaßfaktor 10. Ein gellender Pfiff des gestrengen Bademeisters ertönt – und wehe, bei drei sind nicht alle auf den Bänken am Rand. Dort sitzt man dann müßig die fünf bis zehn Minuten Pause ab und erholt sich eben, wie verordnet. Wer nicht still sitzt, etwa weil er die Zeit nutzen möchte, um Ausgleichsgymnastik zu machen, wird sofort von einem weiteren Pfiff zur Räson gebracht. Pech, wenn man erst sieben Minuten vor Beginn der Pause angefangen hat zu schwimmen und eigentlich gerade so richtig in Fahrt gekommen ist. Aber schließlich weiß ja der Bademeister, was am besten für einen ist. Und er weiß es nicht nur – in bester Zugschaffner-Manier teilt er es uns auch mit. Fünf Minuten vor der Erholungspause kommt bereits eine erste Ankündigung: »In fünf Minuten beginnt die Erholungspause. Die Pause ist notwendig, damit sich der Körper von den Anstrengungen erholen kann.« Die Japaner sind viel zu pflichteifrig, als daß sie sich erdreisten würden, bis zur letzten Sekunde im Wasser zu bleiben und so etwa das Gemeinschaftswohl in Frage zu stellen. Nein, schon gleich nach der Ankündigung gehen die ersten raus, einer nach dem anderen. Sie haben durchaus verstanden, daß sie noch fünf Minuten schwimmen dürfen. Aber sie wollen ja nicht in die äußerst peinliche Situation kommen, beim letzten Pfiff in der Mitte des Beckens zu sein und dann noch geschlagene illegale 20 Sekunden bis zum Rand zu brauchen. Meist verliere ich freiwillig bei dieser feuchten »Reise nach Jerusalem«, schließlich geht es hier um Sport, nicht um eine Militärübung, und außerdem habe ich auch noch Eintritt bezahlt.

Die Auszeit nutzen die Bademeister effektiv, um über Lautsprecher den gesamten Regelkatalog der Badeordnung auch Analphabeten nahezubringen: »Bitte beachten Sie, daß diese Pause 10 Minuten dauert. Sie dient der Erholung. Während der Pause dürfen Sie nicht ins Becken gehen. Achten Sie auch allgemein darauf, daß Sie Ihren Körper nicht überanstrengen. An jedem zweiten Mittwoch im Monat haben wir geschlossen. Ruhen Sie sich während der Pause aus.« Danach folgen ein paar Takte Musik, je nach Geschmack des Bademeisters erholsame japanische Quäk-Schlager oder auch entspannender Hardcore-Techno. Dann wieder: »In wenigen Sekunden endet die Pause. Sie dürfen dann wieder schwimmen. Springen Sie aber nicht ins Becken. Die Bahnen 1 und 2 sind für Langsamschwimmer, die Bahnen 3 und 4 für schnellere Schwimmer. Auf den Bahnen 1 und 3 wird aufwärts, auf den Bahnen 2 und 4 abwärts geschwommen.« Als Belohnung für die Aufmerksamkeit ertönt endlich erneut ein langer, crescendierender Pfiff, und wir dürfen offiziell wieder ins Becken. Auch da drängelt sich keiner, im Gegenteil, niemand will unangenehm egoistisch auffallen. Manche warten noch mehrere Minuten, bis alle anderen im Wasser sind, um endlich gruppengeistkonform (= ohne aufzufallen) weiterzuschwimmen. Es braucht kaum gesagt zu werden, daß auch hier fast immer ich der erste bin, der wieder loskrault.

Aber ich falle ohnehin auf, denn die in Japan sowieso raren Ausländer finden erst recht selten den Weg in ein stinknormales öffentliches Schwimmbad. So mancher japanische Mitschwimmer scheint sich schon zehn Minuten lang vorher im Becken sorgfältig die englischen Worte zusammenzukratzen, um in der Erholungspause endlich die Gelegenheit zu nutzen, dem komischen Ausländer eine wichtige Frage zu stellen: »Where do you come from?« Aber nicht nur den anderen Badegästen, auch den Bademeistern bleibt mein Ausflug ins Schwimmbad nicht verborgen. Und bei den Bademeistern kann der plötzlich zu betreuende Ausländer helle Panik auslösen.

Im Schwimmbad von Kumamoto auf der südlichen Insel Kyushu sind, wie in den meisten Schwimmbädern, die Bahnen voneinander durch Seile abgetrennt. In jede Bahn darf außerdem nur in eine Richtung geschwommen werden, ein äußerst praktisches, weil gegenverkehrfreies System, auch wenn man bei jeder Wende einmal unter dem Seil durchmuß. Welche Richtung für welche Bahn gilt, erkenne ich wie jeder andere halbwegs intelligente Besucher an den Leuten, die schon im Wasser sind und schwimmen. Außerdem wird, Japon oblige, das System natürlich auf einer großen Tafel am Eingang erklärt. Für Leute, die nicht lesen können, sind die Richtungen zusätzlich auf beiden Seiten der Bahn durch große Pfeile beziehungsweise Verbotszeichen auf den Sprungpodesten klar gekennzeichnet. Zu guter Letzt wird das System, das ja eine so große intellektuelle Herausforderung auch nicht darstellt, noch jede Stunde in den Lautsprecherdurchsagen während der Pausen erläutert. Nachdem ich bereits zehn Bahnen ordnungsgemäß auf der einen Seite hin- und auf der anderen

Seite zurückgeschwommen bin, wartet am Rand der Bademeister auf mich. Er fragt mich auf Japanisch, ob ich Japanisch könne, ich bejahe. Daraufhin erklärt er mir auf Japanisch, daß ich beachten soll, daß ich bei bestimmten Bahnen nur in die eine (er zeigt sie mir mit den Händen) und bei anderen nur in die andere Richtung schwimmen darf. Ob ich das verstanden hätte? Ja, meine ich, natürlich. Er wendet sich befriedigt ab und kehrt in sein Kabinchen zurück. Der Umstand, daß ich korrekt die Richtungen einhalte, sichtbar für jedermann, hat den Bademeister nicht davon abgehalten, wie ein Roboter noch mal die Regeln herunterzuleiern. Wahrscheinlich hätte er mir sogar noch in der Umkleidekabine aufgelauert, um sie mir, wenn schon nicht für das Becken, so doch wenigstens für den Nachhauseweg mitzugeben.

Was aber vor allem frustriert und deutlich wird, ist die Denkweise dieses Bademeisters: Ausländer können kein Japanisch, also können sie nicht logisch denken. In grenzenloser Selbstbeschränktheit halten viele Japaner nicht nur kulturelle Eigenheiten wie Verbeugen oder Karaoke-Singen, sondern alles, was ihr Menschsein ausmacht, für typisch Japanisch. So muß auch logisches Denken etwas typisch Japanisches sein, was Ausländer deswegen nicht kennen können, weil sie nicht in Japan aufgewachsen sind, dem Land der lächelnden Logik. Dabei ist es eine universale Eigenschaft menschlichen Geistes, Schlüsse zu ziehen. Wenn überhaupt war er es, der den menschlichen Geist nicht nutzt - nicht ich. Der himmelschreiende Widerspruch in seinem Verhalten war ihm keinen Millimeter klar: Er hat mich angesprochen, weil er dachte, ich könne kein Japanisch, also den Text auf den Tafeln und die Lautsprecherdurchsagen nicht verstehen. Da er natürlich keine andere Sprache als Japanisch sprach, mußte er sich genau der Sprache bedienen, von der er dachte, daß ich sie nicht kann, um mir zu erklären, was ich sowieso verstanden hätte, wenn ich nur Japanisch verstehen würde.

Warum aber kann ich mich über einen einzelnen Bademeister so echauffieren? Weil das Verhalten des Bademeisters keine Ausnahme ist, sondern typisch. Das Vorurteil, Ausländer können einfach kein Japanisch können, auch wenn sie über das reinjapanische Branchen-Telefonbuch den Weg bis ins Schwimmbad gefunden haben, ist zwar so allgemein verbreitet, daß ich es mit Achselzucken hinnehme. Aber es sind nicht nur die Vorurteile selbst, es ist die kindliche Unbedachtheit, mit der die Japaner ein seit Generationen fertiggezimmertes Universum von Vorurteilen übernehmen, die dieses nach außen so rational erscheinende Volk so gefährlich macht.

Kehren wir für einen Moment in die Umkleidekabine zurück. Es ist erstaunlich, wie wenig Männer man dort nackt sieht. Fast alle Schwimmbadbesucher ziehen die Badehose schon zu Hause an, so müssen sie nicht ihre wertvollsten Teile entblößen. Und auch beim Ablegen der Badehose nach dem Schwimmen hilft ihnen ihre Erziehung. Während Sechsjährige bei uns das Schuhezubinden lernen, bekommen japanische Kinder beigebracht, wie man sich umzieht, ohne daß andere die primären Geschlechtsorgane sehen. Sie lernen, wie man vor dem Umkleiden fein säuberlich das Handtuch um die Hüfte wickelt. Selbst erwachsene Studenten, die drei Mal in der Woche im Schwimmzirkel immer unter den gleichen Kameraden sind, haben, wenn sie sich umziehen, ihr Tüchlein umgebunden. Auch auf dem Weg zur Dusche bleibt das Handtuch umgebunden, um die wertvollen Teile bis zum Betreten der mit einem Vorhang versehenen Duschkabine verdecken zu können. Für die ganz Prüden gibt es schließlich spezielle Badehosen, die innen wasserundurchlässig beschichtet sind. So kann man die Unterhose unter der Badehose anbehalten. Man braucht also nachher nur die Badehose abzulegen und steht schon wieder in normaler Ausgeh-Unterwäsche da. Aber bäh! Wasserundurchlässig hin oder her – sie schwimmen mit ihrer versifften Unterhose durch das gleiche Wasser, das ich beim Schwimmen schlucke. Der Hauptgrund, warum man in zivilisierten Ländern nicht gleich in Unterwäsche, sondern in Badekleidung ins Wasser geht, ist doch wohl, daß sich nicht die ganzen Schmutzteile der Alltagsunterwäsche im Wasser lösen sollen. Erst als ein Besucher meines Uni-Schwimmbads, ein älterer Angestellter, sich in der Umkleide seines wasserfesten Höschens entledigt hatte, merkte ich, daß ich auch diesmal die ganze Zeit wieder einer Bärentöter-Hose hinterhergeschwommen war. Scham ist ein zentraler Begriff in der japanischen Kultur. Aber Japaner schämen sich hauptsächlich wegen unpassenden Verhaltens. Körperliche Scham haben sie erst vom Westen gelernt – eine höchst zweifelhafte Lektion.

Die Unterhose ins Schwimmwasser zu tunken ist eine äußerst unhygienische Folge dieser Prüderie. Aber damit sind wir noch nicht am Talpunkt der Unhygiene japanischer Schwimmbäder angelangt. Der ist nämlich erst mit dem Verbot von Seife und Shampoo in den Duschen erreicht. Jawohl, wo es in deutschen Schwimmbädern heißt: »Vor dem Betreten des Beckens den Körper gründlich mit Wasser und Seife reinigen«, steht in japanischen Schwimmbädern in jeder einzelnen Dusche: »Die Benutzung von Seife und Shampoo ist streng verboten!« Im Schwimmbad Shinjuku hing sogar einige Zeit ein handschriftlicher Zettel in der Umkleidekabine, der in Blockwartmanier aufforderte: »Wenn Sie Leute in den Duschen bemerken, die Seife oder Shampoo benutzen, melden Sie sie bitte sofort dem Personal. Wir bitten um Ihre Zusammenarbeit.« Die nette Kassiererin im Stadtbad Shinjuku erklärt mir den Hintergrund: »Na ja, wir wollen nicht, daß der Kunde auf diesen glitschigen Sachen eventuell ausrutscht. Und außerdem kann das Haarewaschen die Abwasserleitungen verstopfen.« Wann wird wohl die Benutzung von Seife auch zu Hause verboten?

Als Hygiene-Surrogat dient ein knie- bis brusthohes Becken mit warmem Wasser im Eingang zur Schwimmhalle, durch das jeder durchmuß. So kommt selbst der Duschscheueste mindestens einmal vor dem eigentlichen Schwimmbecken in Kontakt mit Wasser und läßt die ärgsten Schmutzpartikel in diesem Vorbecken zurück. Pech nur, daß man genauso viel Schmutz wieder mitnimmt, da das stehende, warme Wasser hier nur einmal am Tag gewechselt wird. Dieser »einerseits-200%-andererseits-0%-Kontrast« ist typisch für das Land. Auf der einen Seite gibt es die übertriebenen Erholungspausen – der Badegast soll seinen Körper ja nicht auch nur ein Fitzelchen über Gebühr beanspruchen; auf der anderen Seite verschwenden sie nicht einen Gedanken an viel offensichtlichere Gesundheitsgefahren wie Bakterienübertragung. Vor diesem Hintergrund wurde ein Plakat am Schwimmbadeingang in Tsukuba zum Paradebeispiel der leeren Worte in Japan. Das war 1996, als plötzlich Zehntausende in ganz Japan an einem Lebensmittelbakterium mit dem Namen E-coli oder auch 0-157 erkrankten, mehrere Menschen starben und eine große Diskussion über die Hygienestandards im Land einsetzte. Auf dem Plakat stand: »Wir sind über die jüngsten Entwicklungen sehr besorgt und werden alles tun, damit die Ansteckungsgefahr mit diesem Bakterium in unserem Schwimmbad gering bleibt.« Nach dem obligatorischen »Wir bitten um Ihre Zusammenarbeit« folgten einige konkrete Maßnahmen. Und? Durfte man sich endlich mit Seife waschen? Nein. Statt dessen war in den Duschen noch ein zweites Schild angebracht, für Ausländer: »Don't use a soap and a shampoo.« Und das Brackwasser dümpelte wie eh und je im Becken am Eingang der Schwimmhalle ...

Aber selbst mit ungewaschenem Körper, trotz der Bademeister und Erholungspausen, habe ich auch heute wieder meine Bahnen geschafft. Ich ziehe meine Schuhe im Vorraum an und gehe mit erfrischtem Körper und Geist aus dem Bad. Da ruft mir der Kassierer nach: »Entschuldigung, Sie sind auf der falschen Seite herausgegangen.« Ich drehe mich um und entdecke, daß man an der Kasse sowohl links als auch rechts vorbei in den gleichen Vorraum gehen kann; rechts steht: »Nur Eingang«, links »Nur Ausgang«. Ich hatte doch tatsächlich die Chuzpe, auf dem gleichen Weg zurückzugehen, den ich beim Kommen benutzt hatte. Auf meine fragenden Blicke meint der Kassierer nun: »Bitte gehen Sie noch mal zurück in die Kabine und kommen Sie dann auf der richtigen Seite heraus.« Aber da reicht's mir. Ich antworte: »So ein Quatsch!« und lasse diesmal ihn mit einem konsternierten Gesicht zurück.

Radfahren
Radfahren schwer gemacht

**Endlich ein Land, wo man den Führerschein
in der Lotterie gewinnt. Kamikaze lebt!
Radparkhäuser, Radfriedhöfe, aber kein Flickzeug.**

Im Tokioter Vorort Kashiwa (400.000 Einwohner) wird ausgelost, wer in der Innenstadt mit dem Fahrrad herumfahren darf. Die Auslosung findet jeden Monat neu statt, damit alle eine Chance erhalten, und die Teilnahme ist kostenlos. Die Gewinner erhalten als Nachweis eine amtliche Bescheinigung. Die Polizei in Kashiwa kann nun jeden Radfahrer anhalten und ihn nach seiner »Gewinn-Bescheinigung« fragen. Wer ohne Genehmigung herumfährt, ist illegal unterwegs und muß eine Strafe zahlen. Die offizielle Begründung für die Einführung dieses zeitlich befristeten »Rad-Führerscheins« lautet, die Innenstadt sei zu eng, es sei zu wenig Platz für alle, die morgens von zu Hause mit ihrem Rad zum Pendlerbahnhof kämen. Warum werden dann nicht erst einmal die Straßen für autofrei erklärt? Mindestens fünf Räder würden doch in die Fläche passen, die ein einziges Auto einnimmt. Die Erklärung ist einfach: In Japan fahren Fahrradfahrer nicht auf der Straße, sondern auf dem Gehsteig. Bei uns werden Achtjährige mit Dreirädern auf dem Bürgersteig gerade noch toleriert; erwachsene Radler auf dem Gehsteig müssen eine saftige Strafe zahlen. In Japan aber sind die Radfahrer per Straßenverkehrsordnung gehalten, sich den Gehsteig mit den Fußgängern zu teilen. Straßen sind für Kraftfahrzeuge reserviert – und für unbelehrbare Ausländer und Kurierfahrer, die schneller vorankommen wollen, ohne dabei zwanzig werdende Mütter umzufahren.

Separate Radwege gibt es nur in den seltensten Fällen. Wo soll man die auch in den engen Städten anlegen? So sind die Radler also auf dem Gehsteig unterwegs, mit ihren Mountainbikes mit 27 Gängen. Wenn Fußgänger im Weg sind, und das sind sie immer auf den oft nur handtuchbreiten Gehsteigen, wird nicht abgebremst, im Gegenteil. »Wenn wir schon offiziell genötigt werden, diesen holprigen Gehsteig zu benutzen, dann sollen die Fußgänger das gefälligst honorieren, indem sie uns Vortritt lassen«, scheinen japanische Radfahrer zu denken. Und so kündigen sich nicht nur Trottoir-Rowdies, sondern auch radelnde Hausfrauen und Rentner schon zehn Meter im voraus mit einem Klingelkonzert an: »Achtung, schaut Euch schon mal um, woher ich komme, und tretet zur Seite, damit ich, wenn ich tatsächlich vorbeibrause, ja kein Jota Geschwindigkeit durch Abbremsen verliere.« Und die aufgeschreckten Fußgänger schauen sich um – und machen tatsächlich Platz. Die Radfahrer nehmen das Recht des Stärkeren in Anspruch, ohne darüber nachzudenken, daß sie sich gerade als Stärkere vielleicht zurückhalten sollten (oder ihrerseits von den Stärkeren, den Autofahrern oder Gesetzgebern, zu fordern, die Straße benutzen zu dürfen). Diese unbewußte Arroganz nervt mich so, daß ich extra langsam und breit in der Mitte des Gehsteiges laufe, wenn von hinten wieder einmal selbstsicher das Geklingel ertönt.

Radler sind also mehr wert als Fußgänger. Was aber machen zwei aufeinanderzufahrende Radler, die sich durch eine enge Lücke auf dem Gehsteig drängen müssen? Sie sind ja »gleichberechtigt«. Es ist naiv zu erwarten, daß beide abbremsen und dem jeweils anderen höflich die Vorfahrt anbieten würden. Nein, zwei Radfahrer wählen die Kamikaze-Lösung. Lassen Sie mich diese Lösung zunächst durch ein ähnliches Erlebnis beim Autofahren illustrieren. Ich brauste mit dem Auto auf eine Kreuzung zu, auf der ich Vorfahrt hatte. Aus der Querstraße kam ein Wagen, dessen Fahrerin es offensichtlich eilig hatte und noch schnell in die Straße einbiegen wollte, aus der ich kam. Als sie mich bemerkt hatte, bremste sie nicht etwa ab und ließ mir die Vorfahrt. Nein, sie senkte den Kopf und schaute auf ihre Pedale. So sah sie mich nicht mehr, sah nicht, wohin sie fuhr, aber drängte sich mit voller Geschwindigkeit vor mich in die Straße, so daß ich direkt in sie hineingefahren wäre, hätte ich nicht quietschend abgebremst. Sie blickte mir nicht in die Augen, weil sie durch den Augenkontakt zugegeben hätte, daß ihr ihre Aktion bewußt war. So wirkte es, als wäre sie ohnmächtig geworden, und als hätte für die zehn Sekunden des Einbiegevorgangs ein böser Geist die Kontrolle über das Auto übernommen. War diese Frau nicht genial? Formal verhielt sie sich total korrekt zurückhaltend, wie es sich für eine Japanerin geziemt. Und trotzdem bekam sie, was sie wollte. Es ist schon ein schizophrenes Kunststück, gleichzeitig mit den Beinen das Gaspedal zu treten und mit dem Kopf zu sagen: »Ich war's nicht.« Daß diese Kamikaze-Lösung ein paar Gesetze brach und außerdem alle Verkehrsteilnehmer in Lebensgefahr brachte, lag nicht in ihrer Verantwortung, es war höhere Gewalt. Lachen Sie nicht! Das »plötzliche Verlieren des Bewußtseins« ist einer der perfidesten Tricks, mit denen die Japaner erreichen, was sie wollen. Nur so können sie die gesellschaftliche Pflicht sich zurückzuhalten außer Kraft setzen. Denken Sie nur an die japanischen Touristen, die sich mit gesenktem Blick an Ihnen vorbeizudrängeln versuchen. Wie unverbrämt egoistisch sie doch sind! Doch zurück zu den Radfahrern. Beide radeln also mit unvermindert hoher Geschwindigkeit aufeinander zu. Im letzten Moment senken beide (!) die Augen, und dann wird es schon schiefgehen. Wieviel Male habe ich schon die Hände über dem Kopf zusammengeschlagen, als ich das mit ansehen mußte! Es ist ein echtes Wunder, daß nicht wesentlich mehr Unfälle passieren. Stellen Sie sich jetzt noch Regenwetter vor. Nicht nur die Fußgänger, nein, auch fast jeder Radfahrer hat einen Schirm dabei, aufgespannt natürlich. Der Radler versucht nun, mit einer Hand (die andere hält den Schirm) durch das Menschengewimmel (und an den entgegenkommenden, schirm-haltenden Radfahrern vorbei) zu navigieren. In diesem Szenario braucht jeder Fußgänger seinen Schirm weniger als Schutz gegen den Regen denn als Schutz gegen die vorbeischlitternden Radfahrer und Schirme.

Rund um die Bahnhöfe stauen sich die Fahrräder. Zur Arbeit, Uni, Schule oder zum Einkaufen fährt fast jeder mit dem Zug. Und zum Bahnhof wiederum kommen viele mit dem Rad, denn

Busse kosten extra und stehen im Stau, und Parkplätze für Autos gibt es kaum. Der »Rad-Führerschein« in Kashiwa ist nur eine Methode der Behörden, diesen Ansturm von Zweirädern einzudämmen. Andere Städte haben in der Nähe des Bahnhofs ein kleines Fahrradparkhaus eingerichtet. Gegen eine monatliche Gebühr von meist 1.000 Yen im Monat oder 100 Yen pro Tag nimmt ein Angestellter den Drahtesel in Verwahrung. »Wild« abgestellte Räder werden von der Polizei sofort ins Parkhaus gebracht. Denn es ist ausdrücklich verboten, sein Fahrrad einfach irgendwo »wild« am Bahnhof abzustellen. Für die Besitzer bedeutet das langes Suchen, Fluchen über vermeintliche Fahrraddiebe und eine Strafgebühr. Im Tokioter Stadtbezirk Shinjuku ist im Umkreis von 200 Metern um jeden der über 20 Bahnhöfe das Parken von Fahrrädern verboten worden. Und doch stehen Tausende davon direkt an den Bahnhöfen und in den Straßen darum, denn über eine vernünftige Alternative hat die Behörde nicht nachgedacht. Alle paar Wochen wird ein Laster vorbeigeschickt, um alle Fahrräder auf einen Schlag ins nächste Lager- oder Parkhaus zu schaffen.

Aber viele dieser Räder werden gar nicht mehr vermißt, denn die wilden Parkplätze um die Bahnhöfe ähneln nicht nur Müllhalden – sie sind oft auch welche. Wer sein Fahrrad nicht mehr braucht, müßte es eigentlich von der Sperrgutabfuhr abholen lassen – eine kostenpflichtige und somit lästige Methode. Also stellt er es lieber vor dem Bahnhof ab und läßt es von der Polizei entsorgen. Andere mühen sich gar nicht erst, das Fahrrad bis zum Bahnhof zu schieben. So findet man in den Parks und Straßen vor allem rund um die Studentenwohnheime regelrechte Rad-Friedhöfe, Dutzende von herrenlosen Drahteseln, die teilweise schon seit Monaten vor sich hin rosten. Welch starker Kontrast zu der sonstigen Reinlichkeit, wo doch an vielen Straßenecken sogar eigene Behälter für Zigarettenstummel bereitstehen. An den herrenlosen Rädern ist oft nur eine Kleinigkeit zu reparieren. »Seit zwei Monaten kann ich mein Rad nicht mehr benutzen. Es hat einen Platten.« sagt Rikina, 21jährige Studentin, und ihre Freundinnen nicken verständnisvoll. Wahrscheinlich wissen die meisten Japaner gar nicht, daß es möglich ist, Löcher im Radschlauch zu flicken. Sie kaufen sich eben einfach ein neues Rad. So hat das Ganze doch ein Gutes: Ausländische Studenten kommen kostenlos zu guten Rädern – wenn sie denn irgendwo Flickzeug auftreiben können.

Mafia
Verbrecher, die keine sind

**Sicherheit – die japanische Lebenslüge.
Warum die Yakuza Vergewaltigungsopfern hilft,
aber Abtreibungskliniken erpreßt. Kioto muß weiterhin
auf fränkische Bratwürste verzichten.**

Was muß Japan friedlich sein! Die Polizei scheint nichts anderes
zu tun zu haben, als Fahrräder zu kontrollieren. Im Durchschnitt
alle zwei Wochen, meist nachts, wird man von der Polizei ange-
halten, die überprüft, ob die Registrierungs-Plakette auf dem
Fahrradrahmen klebt und ob das Rad eventuell als gestohlen
gemeldet ist. »Alles in Ordnung. Entschuldigen Sie die Störung.«
Ein höfliches Tippen an die Mütze, und man darf weiterfahren.
Man hat das Gefühl, sie müßten nur noch ein paar Fahrraddiebe
fassen und das Verbrechen wäre gänzlich eliminiert im Lande
Japan. Das Gegenteil ist der Fall. Japan ist fast vollständig in den
Händen von Verbrechern, der Yakuza, der japanischen Mafia. Wie
keine zweite Industrienation wird Japan von diesen Kriminellen
beherrscht, undemokratisch, brutal und menschenverachtend.
Die Yakuza raubt, erpreßt, mordet. Kaum eines dieser Verbrechen
wird geahndet. Dafür sorgt das engmaschige Netz fast offizieller
Verbindungen zu Politik und Verwaltung. Auch auf allen Ebenen
der japanischen Wirtschaft mischt die Yakuza mit, durch das
Erpressen von Schutzgeld auf lokaler Ebene, das Betreiben eige-
ner Firmen und durch enge Kontakte selbst zu den multinationalen Konzernen. Die Yakuza kann tun und lassen, was sie will,
Gesetze gelten für sie nicht. Eine erste Ahnung davon beschlich
mich bereits kurz nachdem ich nach Japan gekommen war. Ein
Amerikaner erzählte fassungslos, was er abends vor dem Hauptbahnhof Tokio erlebt hatte: Ein Polizist wurde von drei Männern
verprügelt. Nicht nur Hunderte von Pendlern schauten zu, es
standen auch mehrere andere Polizisten, wahrscheinlich Kollegen, im Kreis der Zuschauer. Sie warteten tatenlos ab, bis die

Männer mit ihrer Strafaktion fertig waren, und ließen sie danach ungeschoren ihres Weges ziehen. Was hatte der arme Polizist den dreien getan? Wir werden es nie erfahren. Wohl aber wissen wir, wer die einzigen Personen sind, denen eine solche Mißachtung von Gesetzen und Ignoranz gegenüber Gesetzeshütern nachgesehen wird. Das sind die Yakuza. Die Japaner dagegen, die mit mir der Geschichte des Amerikaners gelauscht hatten, bestanden darauf, daß er sich bestimmt geirrt habe. Ihrer Meinung nach kann nicht sein, was nicht sein darf. Für Japaner ist Japan nämlich der einzige Ort auf der Welt, wo sich der Bürger noch von Recht und Gesetz vor Kriminellen geschützt fühlen kann. Dementsprechend ist das wichtigste Kriterium für Reisen ins Ausland »Chian«, das »Sicherheitsgefühl«. Wie sicher kann man sich in Deutschland, Thailand, auf Hawaii fühlen, fragen die besorgten Kunden in den Reisebüros bei der Buchung und denken dabei: Auf keinen Fall so sicher wie in Japan. Ein offizielles Aufklärungsvideo der Zollbehörde warnt unerfahrene Japaner in den Abflughallen am Tokioter Flughafen Narita vor Gefahren bei Auslandsreisen. Vor bekannten Touristen-Attraktionen wie Eiffelturm oder Empire State Building klauen übel aussehende Weiße ahnungslosen japanischen Touristen hinterrücks die Geldbörse. So etwas kann natürlich in Japan nie passieren.

Am Anfang war ich noch bereit, die Geschichte von den in der Öffentlichkeit ungestört Polizisten verprügelnden Mafiosi als Einzelfall oder gar als Lüge abzutun. Sehr schnell erzeugt die beeindruckende Korrektheit und Umsicht der meisten Japaner Vertrauen in das japanische Rechtssystem und darauf, daß in diesem Land alles getan wird, um Gerechtigkeit und Sicherheit zu erhalten. Nur sind Yakuza eben keine normalen Japaner. Ein Freund besuchte eine Disko in Tokio. Dabei rempelte er aus Versehen einen anderen Besucher an. Bei diesem handelte es sich leider um einen Yakuza, der ihn sofort überaus blöd ansprach. Als mein Freund den Leichtsinn beging, ebenso rüde zu antworten, verpaßte ihm der Mafioso auf der Stelle einen heftigen Kinnhaken, von dem er fast zu Boden ging. Als er sich zusammengerappelt hatte, lief mein Freund empört zur nächsten Polizeiwache, um den Vorfall zu melden. Die Polizisten aber lachten nur. Anstatt ein Protokoll aufzunehmen oder mit ihm zurück in die Disko zu gehen, ließen sie ihn allein in der Polizeiwache stehen, stiegen auf ihre Mofas und fuhren einfach davon. »Man legt sich halt nicht an mit den Yakuza«, ist die Reaktion der Japaner auf solche Geschichten, wenn sie sie schon nicht mehr leugnen können. Das heißt also, sie geben doch zu, daß auch in ihrem so sicheren Land das Verbrechen so stark ist, daß es nicht mehr bekämpft werden kann? Wahrscheinlich würden viele Japaner die Machenschaften der Yakuza nicht einmal »Verbrechen« nennen. »Verbrechen« ist etwas, das im Ausland passiert, was Amerikaner und Italiener tun, oder vielleicht auch vereinzelt Privatleute in Japan, die ihr Haus anzünden, um die Versicherung ausgezahlt zu bekommen. »Verbrechen« ist unabwägbar und chaotisch. Das Schlimme am »Verbrechen« ist, daß es die Regeln der Gesellschaft mißachtet. Die Yakuza dagegen hält sich zwar nicht an die Gesetze, aber anscheinend an die Regeln. Während in den meisten anderen Ländern eine allgemeingültige Moral das wichtigste Kriterium

für die Bewertung der Mitmenschen ist, ist es in Japan das Beachten der Regeln. Die Regeln garantieren den Freiraum, den jeder für sich beansprucht. Daher ist es für viele Japaner im Grunde nicht so wichtig, ob jemand stiehlt, mordet oder sich prostituiert, sondern eher, inwiefern sie damit in Ruhe gelassen werden. Insofern sind die Yakuza eben doch ganz normale Japaner, weil sie niemanden mit ihren schmutzigen Geschäften belästigen, der ihnen nicht in die Quere kommt. Sie haben es tatsächlich heraus, so zu tun, als würden sie die Regeln der japanischen Gesellschaft beachten. Dieses Image führt dazu, daß man kaum einen Japaner trifft, der sich von der Yakuza oder ihrem Einfluß bedroht fühlen würde. Japaner preisen ihr eigenes, vom Verbrechen durchfilztes Land ohne Wimperzucken als Hort der Sicherheit im Gegensatz zum gefährlichen Ausland. »Die Yakuza tun Böses, aber nicht mir. Im Ausland aber kann auch mir etwas passieren«, bringt das Kanako, 45jährige Hausfrau, auf den Punkt.
Welche Regeln sind es, die die Yakuza angeblich einhält? Zum einen begeht sie keine Verbrechen, die die Masse der Normal-

bürger verunsichern könnten. Ganz atypisch für eine große kriminelle Organisation ist beispielsweise, daß die Yakuza kaum Drogen verkauft, zumindest nicht an Heranwachsende. Für die meisten Japaner sind selbst weiche Drogen wie Haschisch wahres Teufelszeug.Verführte die Mafia die Kinder an den Schulen oder die Studenten zum Drogenkonsum, wäre sie schnell ihr Image »wir belästigen euch nicht, wenn ihr uns nicht belästigt« los. Yakuza-bedingt oder nicht:Während in Japan im Jahr 1995 nur knapp 18.000 Drogendelikte polizeilich registriert wurden, verzeichnete Deutschland mit einem Drittel weniger Einwohnern für das gleiche Jahr sage und schreibe 160.000 solcher Delikte. Auch von Entführungen, sonst weltweit beliebte Turbo-Geldbeschaffungs-Methode, nimmt die japanische Yakuza Abstand. Warum eine offene Morddrohung, bei der am Schluß eventuell Bilder von einer blutbeschmierten Leiche gemeinsam mit der Identität der Entführer durch Millionen Zeitungen geistern? Lieber wird das finanzstarke Opfer dezent darauf hingewiesen, daß man besser von vorneherein einen gewissen Anteil abgeben sollte. Und wie viele wehren sich? Kaum einer. Alle zahlen sie, in ihrem fortentwickelten, verbrecherfreien Land, alle. Was »alle« bedeutet, erfuhr ich ausgerechnet bei einem Diskobesuch. Ich wurde von einem fremden Mädchen angesprochen. Weil ich an die Disko-Erfahrungen meines Freundes dachte, fragte ich sie gerade heraus: »Hast du hier schon mal einen Yakuza getroffen?« Sie verneinte auffällig schnell. Meine Neugier war geweckt. »Hast du überhaupt schon mal mit Yakuza zu tun gehabt?« Erst Zögern, dann Zustimmung. Beim Nachbohren stellte sich heraus, daß sie in einer privaten Frauenklinik als Krankenschwester arbeitete und dort gleich mehrere unerfreuliche Begegnungen mit den Yakuza gehabt hatte. Sie hatten eine Frau in ihrer Klinik gehabt, die sich ihr Kind abtreiben ließ. Nachdem die Frau entlassen war, fuhr eines Nachts das Paradeauto der Yakuza vor, ein schwarzer BMW mit verdunkelten Scheiben.Vier junge Männer stiegen aus. Die Krankenschwester hatte gerade Nachtdienst und war zu Tode erschrocken, als die Mafiosi barsch verlangten, den Leiter der Klinik zu sprechen. Schließlich rief sie den Arzt zu Hause an, der schon im Bett gelegen hatte. Als er endlich erschien, meinte einer der Männer: »Meine Freundin hat hier abgetrieben. Wir zahlen nicht. Abtreibungen sind illegal.« Seltsames Argument, denn Abtreibungen sind nicht illegal in Japan. Der Arzt hatte überraschenderweise den Mut, in Anwesenheit der vier Herren die Polizei zu rufen. Seelenruhig warteten die Mafiosi mit ihm. Die Polizei kam und tat nichts. Warum? Die Ankündigung der Verweigerung, eine Krankenhausrechnung zu zahlen, ist alleine noch kein Verbrechen, klar. Aber die Jungs hatten doch sicher noch andere Sachen auf dem Kerbholz. Die Polizei hätte die Personalien überprüfen können (auch wenn Japaner keinen Ausweis mit sich führen müssen) und dann möglicherweise festgestellt, daß sie wegen anderer Verbrechen auf der Fahndungsliste stehen. Schließlich hingen die Fotos der potentiellen Attentäter des Nervengas-Anschlags auf die Tokioter U-Bahn jahrelang sogar in Form von Papierlaternen im Eingang des Bahnhofs Shibuya. Auf jeden Fall ist eine verhüllte Drohung eine Art Erpressung. Die Polizei in anderen Ländern hätte dem Arzt sicher eine Art Schutz oder zumindest Beratung angeboten. Aber die japanischen Streifenbeamten zogen unverrichteter Dinge wieder ab. »Es gibt viele Patienten, die nicht zahlen. Warum sollen wir bei ausstehenden Rechnungen ausgerechnet Mafiosi hinterherlaufen?« meinte meine Gesprächspartnerin. Und bis dahin war die einzige »Zahlung« an die Yakuza auch nur der Verzicht auf die Begleichung der Rechnung für die Abtreibung. Aber die nächtliche Aufwartung war nur der erste einer Reihe von Besuchen. Die Krankenschwester rückte schließlich damit heraus, daß der Mafioso mit seinen Burschen drei- oder viermal wiederkam. Diesmal forderte er offen Geld, allerdings wieder unter einem fadenscheinigen Vorwand. Er verlangte Schadenersatz, weil die Klinik sein Kind gegen seinen Willen weggemacht habe. Ein schon logischeres Argument. Zwar muß die Frau ein Dokument mitbringen, auf dem der Vater unterschrieben hat, daß er mit der Abtreibung einverstanden ist, aber keine Klinik kann die Unterschrift überprüfen. Allerdings war auch diese Geschichte nur ein Vorwand. Hätte die Klinik einmal gezahlt, hätte sie immer gezahlt, egal, mit wel-

chen alten und neuen Gründen die Yakuza das Wort »Schutzgeld«
verbrämt hätten. Dieses blumige Umschreiben der Erpressung, das
Vorschieben von Gründen, das Vermeiden von direkten Wörtern
wie »Schutzgeld« gehört natürlich zur Taktik der Yakuza. Sie üben
keinen direkten oder gar körperlichen Druck aus, sondern dro-
hen nur unterschwellig, was die Obrigkeit viel schwerer als Ge-
setzesbruch nachweisen kann. So sehr sich die Japaner sonst rüh-
men, immer hinter dem »Gesagten« das in Wirklichkeit
»Gemeinte« erkennen zu können – hier stellen sie sich selbst ein
Bein: In einer Art vorauseilendem Gehorsam beugen sie sich dem
Gegner, der weder körperliche noch verbale Gewalt anzuwenden
braucht. Sollte der Widerstand bei solch indirektem Druck nicht
auch leichter fallen? Ich wartete ungeduldig auf den Bericht, wie
heldenhaft sich die Klinik den Erpressungen widersetzt hatte. Sie
mußte sich schließlich widersetzt haben, meine Gesprächspartnerin würde mir wohl kaum davon erzählen, wenn am Schluß
der Geschichte stünde, daß sie seit fünf Jahren Schutzgelder über-
weisen. Aber sie hatten nicht widerstanden, sie hatten sich nur
arrangiert. Der Arzt kontaktierte schließlich einen Freund, einen
im Ort einflußreichen Bekannten, der nicht selbst bei, aber irgendwie in Kontakt mit der Yakuza war. Der wiederum signalisierte
dem Boß der örtlichen Yakuza, daß sie seine Bekannten in Ruhe
lassen sollten. Und danach waren sie nicht mehr gesehen.
Sie sind nun die einzige Klinik in ihrem Ort, die nicht an die
Yakuza zahlt. Meine neue Bekannte erzählte mir, daß alle anderen
Privatkliniken in ihrem Ort Schutzgelder zahlen. Man muß sich
das vorstellen: Krankenhäuser! Die zahlen doch nicht mal in
Süditalien. Dann schon eher der Supermarkt, der Schnapshändler.
Die Mär von der »anständigen Yakuza«, die dem nichts tun wird,
der ihr nicht in die Quere kommt, ist der große Selbstbetrug der
Japaner. Sie denken, sie bleiben ewig ungeschoren und es wird nur
die anderen treffen. Dafür hilft ihnen dann auch niemand, wenn
plötzlich der schwarze BMW bei ihnen vor der Tür steht. Und
weil sie nie ernsthaft über die Mafia-Gefahr nachgedacht haben,
wird sie der Schock des plötzlichen Erstkontaktes so lähmen, daß
sie sich, ohne zu überlegen, erpressen lassen.

Wenn doch so viele darunter leiden, müßte das Thema Yakuza eigentlich ein Wahlkampfschlager für Parteien aller Couleur sein. Schließlich sammeln Politiker in anderen Demokratien mit dem Versprechen, Recht und Ordnung zu bewahren und die Organisierte Kriminalität zu bekämpfen, leicht viele Stimmen ein. Aber es ist unglaublich: In Japan, wo der Einzelne noch viel stärker damit zu tun hat, finden die Yakuza-Verquickung, der Yakuza-Einfluß und die Yakuza-Bedrohung bei Wahlkämpfen keinerlei Erwähnung. Die, die bisher verschont wurden, glauben auch weiterhin, daß sie nie etwas damit zu tun haben werden – mit einem solchen Thema kann man also ihre Stimme nicht fangen. Außerdem haben viele Politiker gar kein echtes Interesse, die Mafia zu bekämpfen. Warum? Die naheliegendste Erklärung ist frustrierend: Sie gehören selbst zur Mafia oder werden von ihr bezahlt.

Die Firmen stehen der Politik in nichts nach. Gerne bedienen sich selbst große Konzerne der »Sokagai«, der Unterabteilungen der Yakuza, um die schmutzigeren Teile hochtrabender Firmenpläne durchführen zu lassen. 1998 wurde beispielsweise bekannt, daß ein Manager der Nomura-Versicherungen einem Schlägertrupp der Yakuza 30 Millionen Yen dafür bezahlt hatte, aufmüpfige Aktionäre davon abzuhalten, bei der Hauptversammlung den Vorstand durch peinliche Fragen zu desavouieren. Wenn also Politik und Wirtschaft fast offizielle Kontakte zu Verbrechern halten, muß man auch als Privatmann keine falsche Zurückhaltung mehr üben. Denn wenn man selbst in der Klemme steckt, können die Yakuza sehr praktisch sein.

In Kioto finden wie auch in anderen japanischen Städten in der warmen Jahreszeit oft »Internationale Begegnungsfeste« statt. In der Innenstadt können Passanten exotische Musik- und Tanzdarbietungen sehen und an zahlreichen Ständen die Spezialitäten der verschiedenen hier lebenden Nationalitäten probieren. Als wieder einmal ein solches Fest bevorstand, kam ein deutscher Freund auf die Idee, selbst einen Stand aufzumachen und »Original Fränkische Bratwürste« zu braten. Diese Spezialität würde bestimmt bei den traditionell deutschen Würsten zugeneigten Japanern auf Begeisterung stoßen, und man würde sich ein hübsches Sümmchen dazuverdienen können, dachte mein Freund. Er fragte seinen Assistenzprofessor, an welches Amt im Rathaus er sich denn für eine Genehmigung wenden müsse. Der Dozent der berühmten Universität Kioto antwortete ihm voller Ernst: »Im Rathaus ist dafür niemand zuständig. Die Stände verteilt die Mafia. Sie müssen sich an die Yakuza wenden und für die Standgenehmigung eine vorher festgelegte Gebühr bezahlen.« Mein Freund nahm frustriert von der Idee Abstand. Auch wenn sein Assistenzprofessor darüber sprach, als handele es sich nur um eine Art von Behörde, mit Verbrechern wollte er dann doch nicht kungeln.

So etabliert sich langsam ausgerechnet die Yakuza als effektive Alternative zu den verfilzten Bürokratien japanischer Verwaltungen. Diesen Eindruck verstärkte die Yakuza von Kobe nach dem verheerenden Erdbeben 1995, als sie ihre lokalen Filialen in Windeseile in Suppenküchen umfunktionierte. Sei es aus strategischem PR-Kalkül oder aus wirklicher Solidarität, auf jeden Fall sah man im Fernsehen tätowierte Muskelmänner warmes Essen an die obdachlos gewordenen Opfer des Bebens verteilen. Dieser Kontrast zum allgemeinen Organisationschaos (so steckte die »echte« Verwaltung die aus der Schweiz eingeflogenen Lawinenhunde erst einmal korrekt tagelang in Quarantäne, während die Leute langsam unter den Trümmern starben) brachte der Yakuza zusätzliche Pluspunkte als »wahrer Helfer in der Not«.

Dieses Image bringt auch in anderen Fällen ganz normale Japaner dazu, sich an die Yakuza zu wenden. So vertrauen sich zum Beispiel Vergewaltigungsopfer, wenn sie ihre Scham überhaupt überwinden können, der Yakuza an. Viel länger schon als die Polizei hat die Yakuza eine eigene »Abteilung«, die sich ausschließlich damit beschäftigt, Vergewaltigungstäter aufzuspüren. Diese Anti-Vergewaltigungs-Einheit der Yakuza ist oft erfolgreich, da sie natürlich auch weniger auf geltende Gesetze achtet. Der aufgespürte Täter wird dann nicht etwa der Polizei überstellt, sondern muß ein monströses Schweigegeld zahlen, das die Mafia mit der Familie des Vergewaltigungsopfers teilt.

Auch Vermieter bedienen sich gerne der ordnenden Kraft der

Yakuza. Zwar sind japanische Mietverträge als Knebelverträge für den Mieter formuliert, vor allem weil sie auf höchstens zwei Jahre Laufzeit begrenzt sind; in der Praxis hat der Vermieter aber keine Handhabe, einen ordnungsgemäß zahlenden Mieter aus der Wohnung zu bekommen, selbst wenn er Eigenbedarf anmeldet. So erledigen dann eben ein paar Mafiosi die Drecksarbeit: Tote Katzen vor der Tür, Hundekot im Briefkasten und, wenn das alles nichts hilft, ein direktes »Gespräch« mit dem widerborstigen Mieter im Auftrag des Vermieters sind keine Seltenheit.

Neulich war ich gemeinsam mit zwei deutschen Freunden abends gegen zehn Uhr unterwegs in Shibuya, dem belebten, schicken und keineswegs etwa halbseidenen Vergnügungsviertel Nummer eins in Tokio. Als wir die Hauptstraße hinabliefen, versperrte plötzlich ein Menschenauflauf den Gehsteig. Auf der anderen Straßenseite war ein gut gekleideter, zwergenwüchsiger Mann gerade dabei, einen anderen zusammenzuschlagen. Dieser blutete schon aus der Nase und wand sich am Boden, aber der »Geschäftsmann« trat immer noch nach. Dazu brüllte er ihn in einem so brutalen Ton an, wie ich ihn bisher nur aus Samurai-Filmen kannte. Das Opfer lag apathisch da, wehrte sich nicht, wimmerte Entschuldigungen und flehte um Vergebung. Auf unserer Straßenseite standen mindestens 50 Japaner in sicherer Entfernung und gafften hinüber, immer mehr Leute blieben stehen. Aber keiner tat etwas, alle schauten nur zu. Daß vor ihren eigenen Augen und durch ihre eigene Passivität der Selbstbetrug ihrer Sicherheit und ihr Gemeinschaftsgeist hier buchstäblich in Blut zerrannen, fiel ihnen nicht auf.

Meine Freunde und ich waren schon etwas betrunken, was uns von Gerechtigkeit beseelte Deutsche in der Entscheidung bestärkte, einzugreifen. Wir gingen hinüber und ich trat zwischen die beiden Streithähne. Allein meine physische Präsenz, vielleicht auch mein fremdartiges Aussehen unterbrach die Schlägerei sofort. Ich wartete einige Sekunden und sagte dann relativ ruhig zu dem kleinen Geschäftsmann auf deutsch: »Laß ihn gefälligst in Ruhe, du Scheißer!«, während meine Freunde eingriffsbereit daneben standen. Auch wenn er wohl kein Deutsch konnte, hatte er mich gut verstanden. Er schaute groß, kalkulierte für zehn Sekunden, ob er es mit mir, mit uns, aufnehmen konnte, aber traute sich dann nicht mal, mich verbal zu attackieren. Er grummelte nur wie ein zurechtgewiesenes Kind. Als ich dem am Boden Liegenden in die Augen schaute, dankte dieser mir überschwenglich. Aber sobald er wieder in Richtung seines Peinigers blickte, stieß er von Neuem Entschuldigungen hervor. Der Geschäftsmann gab ihm noch ein paar Anweisungen, dann fuhr auf einmal wie im Film ein fetter Yakuza-Mercedes um die Kurve. Der Kleine stieg ein, fuhr ab und ließ uns mit dem Verletzten zurück. Dieser haute genauso schnell ab – wir kamen nicht mal dazu, ihn zu fragen, was überhaupt los gewesen war. Als wir schließlich auf die andere Straßenseite zurückgingen, um unseren Weg fortzusetzen, zerstreuten sich die gerade noch so interessierten japanischen Biedermänner schlagartig. Wie viele von ihnen würden sich bei ihrer nächsten Reisebuchung wieder ängstlich erkundigen, wie hoch die Gefahr in Los Angeles, London, Berlin denn ist, in eine Schlägerei zu geraten?

闇
の
権
力

M
A
F
I
A

Warnungen
Achten Sie darauf, darauf zu achten!

Plappernde Kellnerinnen. Plappernde Rolltreppen. Plappernde LKWs. Ehrenwerte Lügen. Top Ten der S-Bahn-Ansagen.

»Die erzählen immer, die Japaner«, sagt ein Freund aus Island in seinem mäßigen Deutsch einmal bei einem Besuch in einem feineren Café. Die Kellnerin serviert nicht nur den 600 Yen teuren Kaffee, nein, bevor wir zur Tasse greifen können, müssen wir erst einer Ansprache lauschen. Wir erfahren, wie die Kaffeesorte heißt (obwohl wir den Namen ja bereits in der Karte gelesen haben), wo er herkommt und erhalten die lebensrettende Warnung: »Bitte passen Sie auf: Die Tasse ist heiß, weil der Kaffee heiß ist.« Und zum Abschluß die Ankündigung: »Das Eiswasser kommt erst, nachdem Sie den Kaffee ausgetrunken haben. Das ist in europäischen Kaffeehäusern so üblich.« Endlich haben wir die Erlaubnis, den ersten Schluck nehmen zu dürfen, da werden wir uns hüten, ihr etwas von europäischen Kaffeehäusern zu erzählen.

Die erzählen immer – und wenn niemand da ist zum Erzählen, lassen sie eine Kassette laufen. Zum Beispiel das Endlostonband der Rolltreppe auf dem Bahnsteig des S-Bahnhofs Meguro, wo ich auf dem Weg zur Arbeit umsteige: »Bitte halten Sie sich am Gummi-Laufband fest, während Sie auf der Treppe stehen. Strecken Sie die Hände aber nicht über das Laufband heraus. Bleiben Sie außerdem auf der Stufe innerhalb der gelben Markierung, da es außerhalb gefährlich ist. Weiterhin ist Rauchen auf der gesamten Rolltreppe verboten. Personen, deren Körper zu schwach für die Benutzung der Rolltreppe ist, benutzen bitte die Treppe.« Bevor man diesen Text zu Ende gehört hat, ist man schon am Ende der Rolltreppe angelangt und merkt eventuell zu spät, daß man als zu »schwacher« Benutzer nie auf die gefährliche Reise hätte gehen dürfen. Die Idealvorstellung der Angestellten der privaten Eisenbahngesellschaft, die dieses Band erstellt haben, ist wohl die, daß man erst einmal stehenbleibt und sich die gesamte Benutzungsanleitung anhört, bevor man die Rolltreppe tatsächlich betritt. Tatsächlich aber nimmt man das Geplappere der Rolltreppe nur als Hintergrundgeräusch wahr. Bevor ein Zug einfährt, schnattert ein zweites Tonband los: »Einfahrt des Zuges nach Shibuya und Shinjuku auf Gleis 2. Bitte bleiben Sie hinter der gelben Linie, da es sonst gefährlich ist.« Dieses Tonband wird nach zweimaliger Wiederholung von einer Martinshorn-ähnlichen Sirene abgelöst, die die unmittelbare Gefahr des hereinbrausenden Zuges signalisiert. Dazu schaltet sich dann noch per Megaphon der Angestellte auf dem Bahnsteig ein, der darauf hinweist, daß jetzt tatsächlich ein Zug einfährt und alle bitte vorsichtig sein sollen, da es tatsächlich gefährlich ist. Wenn dann auch noch auf dem Gegengleis ebenfalls ein Zug einfährt, mit dem gleichen Lärm-Crescendo, und die Rolltreppe unbeirrt weiterplappert, fühlt man sich tatsächlich wie bei einem mittleren Bombenangriff. Aber es fliegen keine Sturzbomber ein, sondern nur zwei harmlose S-Bahnen.

Bei jedem besseren Auto und Laster ist eine Warneinrichtung in den Rückwärtsgang integriert, die in Deutschland nach drei Tagen gerichtlich verboten worden wäre. Vor meiner Wohnung befindet sich der Parkplatz des angeschlossenen Bürohochhauses mit vielen Anlieferungen am frühen Morgen. Sobald der Fahrer eines Lasters den Rückwärtsgang einlegt und aus dem Parkplatz herausfährt oder wendet, ertönt in Sekundenabständen eine schrille Klingel. Begleitet wird sie von einer eingebauten Tonbandstimme, die ununterbrochen wiederholt: »Der Wagen fährt jetzt rückwärts. Der Wagen fährt jetzt rückwärts. Der Wagen fährt jetzt rückwärts.« Schließlich kommt noch eine Art automatische Hupe dazu. Taubstumme haben zwar nichts davon, aber die vielen Blinden, die täglich von rückwärtsfahrenden Lastern überfahren werden, sind bestimmt dankbar. Hinter der großen Gruppe der Blinden muß die kleine Minderheit der Langschläfer eben zurückstehen.

Auch Japaner muß der Lärm in ihrem Land stören. Das japanische Wort »urusai« heißt bezeichnenderweise nicht nur »laut«, sondern auch gleichzeitig: »Halt den Mund!« oder »Du nervst!« Warum ist es dann trotzdem überall so »urusai«? Der ehrenwerte Grund ist das Warnen der Mitmenschen vor drohenden Gefahren. Und um diesen fürsorglichen Warnungen Nachdruck zu verleihen, darf sogar gelogen werden. Ein großes Schild über einer Schnellstraße im Tokioter Vorort Tsukuba erzählt: »Die Zahl der Toten im Straßenverkehr steigt – senken Sie die Geschwindig-keit.« Zuerst verursacht man allein schon fast einen Verkehrsunfall, um dieses ungünstig aufgehängte Schild zu lesen – erst recht Ausländer, die die Schriftzeichen langsam entziffern müssen. Und dann ist es gelogen. Die Zahl der Verkehrstoten sank in Japan, wohl auch dank Sicherheitsgurt und Airbag, von 11.451 Toten 1992 auf 9.211 Tote im Jahr 1998, wie die Polizei selbst auf ihrer Internetseite mitteilt. Die Verantwortlichen sind also nicht etwa schlecht informiert – warum also diese offensichtliche Lüge? Es geht darum, die Leute zu einer umsichtigeren Fahrweise zu erzie-hen, und im Kampf um das Volkswohl sind Lügen wohl erlaubt. In solch einem Fall würde es in Deutschland höchstens heißen: »Wegen Unfallgefahr bitte langsamer fahren«. So leicht nachweis-bare falsche Begründungen zerstören natürlich Vertrauen in hehre Absichten hinter anderen Warnungen. Heute lügen sie für das Wohl der Verkehrssicherheit. Morgen ist es eine ehrenwerte Lüge zum Wohl der Eroberung der Wählerstimmen, des Geldbeutels oder der Welt.

Überall und dauernd wird allerdings so penetrant gewarnt, daß man gar nicht anders kann, als diese Warnungen einfach durch-rauschen zu lassen, will man sich überhaupt noch furchtlos be-wegen. Wirklich wichtige Warnungen werden dann natürlich auch nicht mehr ernstgenommen.

Die Botschaft der Warnungen kann man vielleicht noch ignorie-ren, aber nicht die Anzahl. Der Warnungs-Overkill mit einem Sermon an Verhaltensregeln findet jeden Tag in den öffentlichen Verkehrsmitteln statt. In welches Verkehrsmittel man auch steigt (Bus, Eisenbahn, Seilbahn), der Standardtext besteht nicht nur aus dem Ankündigen der nächsten Station und dem Namen der Linie wie im Rest der Welt. Zunächst einmal wird man nach jeder wichtigeren Station der Tageszeit angemessen an Bord willkommen geheißen: »Guten Morgen, vielen Dank, daß Sie auch heute unsere S-Bahn von Shibuya in Richtung Tokyo benutzen«, prallt es in der Yamanote-Linie um acht Uhr morgens in unsere Ohrmuscheln. Nett gemeint, aber es gibt keine drei oder vier parallelen S-Bahn-Linien, aus denen ich wählen konnte. Wenn ich nämlich die Wahl hätte, würde ich bestimmt als letzte diese überfüllte Sardinenbüchse nehmen. Aber da folgt auch schon die Entschuldigung beim Aussteigen: »Entschuldigen Sie vielmals, daß es so überfüllt war.« Was soll das? Wenn ihnen der Mißstand wirklich leid tun würde, dann würden sie einfach morgens mehr Züge einsetzen. Der Entschuldigung folgt gleich wieder eine Belehrung: »Bitte vergessen Sie nichts im Zug, und lassen Sie keinen Müll liegen.« Auf diesen Grundtext folgt dann ein variabler Katalog von Warnungen und Hinweisen. Er kann wetterabhängig sein: »Bitte vergessen Sie Ihren Regenschirm nicht«, oder: »Bitte beachten Sie beim Aussteigen, daß der Bahnsteig glitschig sein kann.« Wenn der Zug auf der Strecke zwischen zwei Stationen länger als 10 Sekunden anhält, erfolgt sofort die informative Mitteilung: »Wir haben gehalten, weil vor uns ein Haltesignal ist. Wir werden aber gleich weiterfahren«, während sich der Zug schon wieder in Gang gesetzt hat.

Vor allem aber enthält dieser Katalog eine Bonus-Warnung, die alle paar Monate wechselt, sozusagen eine »Warnung des Monats« oder »Regel der Saison«. In der Tokyu-Linie zum Beispiel war die Warnung des Frühjahrs: »Schauen Sie noch ein zweites Mal nach, ob Sie nicht doch etwas im Zug liegengelassen haben.« Eine ziemlich oberlehrerhafte Ermahnung, die einen fast dazu verleitet, jetzt erst recht eine Zeitung oder eine McDonald's-Tüte liegenzulassen. Kurz danach war aktuell: »Vermeiden Sie es, auf den letzten Drücker zum Zug zu kommen, da Sie in der Tür eingeklemmt werden könnten. Seien Sie rechtzeitig auf dem Bahnsteig«, im Herbst gefolgt von: »Zwischen dem Zug und dem Bahnsteig befindet sich eine Spalte. Achten Sie beim Aussteigen darauf, nicht in diese Spalte zu treten.« Die Mutter aller Durchsagen ist allerdings unbestritten die Handy-Mitteilung. Jedes Jahr kehrt dieser Gassenhauer in einem neuen Remix zurück: »Handys stören Ihren Nachbarn in der Bahn erheblich. Bitte schalten Sie Ihr Handy während der Fahrt aus, und benutzen Sie es nicht.« Natürlich macht das Handy-Verbot an sich Sinn. Auch wenn ich finde, daß es egal ist, ob ich direkt mit meinem Sitznachbarn oder eben mit gesenkter Stimme in den Telefonhörer spreche. Viel mehr als ein Handy-Klingeln nervt die ständige Ansage. Die Bahnbenutzer sind lang genug konditioniert worden, wirklich kaum einer telefoniert noch mit seinem Handy in der Bahn außer Ausländern, die ja die Mahnungen nicht verstanden haben, oder unverbesserlichen Egoisten. Diese legen übrigens gern schuldbewußt ein Taschentuch über den Hörer, in das sie dann flüstern. Von weitem schaut ihr Telefongespräch dann wie das Gebrabbel oder Selbstgespräch eines geistig Verwirrten aus. Es ist ihnen anscheinend lieber, für geistig krank als für asozial gehalten zu werden.

Auf jeden Fall hat die Handy-Durchsage ihre Zielgruppe erreicht und ist überflüssig geworden. Aber wir werden deswegen nicht etwa weniger Warnungen zu hören bekommen. Nein, sie suchen bestimmt schon nach etwas Neuem, das ihnen an ihren Kunden nicht paßt – wie in einer Zwangsneurose müssen sie ständig eine neue Botschaft unter die Leute bringen und einen immer perfekteren Kunden schaffen, statt einfach einmal den Mund zu halten.

Verhütung
Pille killen und Föten töten

Contergan – die ewige Bedrohung.
50 Sorten, aber nur eine Größe.
Studentenrabatt auf Abtreibungen.
Drei Millionen Warzenoperationen im Jahr.

»Die Pille, wenn man die nimmt, dann kriegt man doch behinderte Kinder, oder? Und es ist doch auch total ungesund für die Frauen, die sie nehmen, hab ich gehört«, so Keiko, 21. Sie gehört keiner radikalen Sekte an, ist nicht blöd, und auch nicht uninformierter als andere Japaner. Ich dachte zunächst, sie spricht über Contergan, aber es geht tatsächlich um die Pille. Seit vierzig Jahren ist sie Verhütungsmittel Nr. 1 im Großteil der Welt, aber so verpönt in Japan, daß sie hier bis 1999 nicht nur verboten war, sondern sich auch kaum jemand für eine Aufhebung des Verbots stark gemacht hätte. Ich sage zu Keiko: »Schau dir die ganzen jungen westlichen Frauen in Tokio an; die meisten nehmen die Pille. Glaubst du, die sind alle krank? Und meine Mutter hat früher auch die Pille genommen – findest du mich etwa behindert?« Zögern, dann fast automatisch das Argument der letzten Zuflucht, das »Ihr Weißen/Westler/Europäer seid eben anders«-Argument: »Aber die Pille ist doch nur in westlichen Ländern erlaubt, in Asien ist sie doch bestimmt verboten.« Aber auch diesen Irrglauben muß ich korrigieren: »Nein, in China, Indien oder Korea ist die Pille weit verbreitet. Das Problem dort ist nur der Preis. Japan steht echt fast allein da.« Ein Großteil der Japaner ist Keikos Meinung, ob jung oder alt, in Bezug auf das Medikament, das im Rest der Welt die sexuelle Revolution auslöste. Mütter geben das Gerücht weiter an ihre Töchter, Freundinnen tauschen es untereinander aus, und in der Schule wird es wohl sicher auch irgendwie angesprochen.
So verdankte die Pille ihre Legalisierung in Japan im August 1999 auch nicht akutem Sinneswandel, sondern eher akuter Scham bei

den Verantwortlichen. Nach der japanischen Markteinführung von Viagra im Frühjahr 1999 hatten kleine Frauengruppen nämlich heftig polemisiert, daß die alten Herren im Parlament die gesetzliche Zulassung des »Männer«-Medikaments in nicht einmal einem halben Jahr durch die Institutionen gepeitscht hatten, während sie japanische Frauen bereits seit vierzig Jahren auf die Pille warten ließen.

Ihr katastrophales Image wird die Pille dennoch viele Jahre behalten. Unter Ausländern geht das Gerücht um, die Regierung habe die Lügen über die Pille bewußt in die Welt gesetzt, weil sie ahnte, daß sie ihre Einführung auf gesetzlichem Wege irgendwann nicht länger würde verhindern können. Sie habe nämlich Angst gehabt, daß die Japaner mit der Pille ganz aufhören würden, Kinder zu machen. Wahr ist, daß Japaner wie in jeder Industriegesellschaft immer später und immer weniger Kinder in die Welt setzen. Kaum ein Wunder – die Gesellschaft ist entgegen ihrem Selbstbild noch hedonistischer, noch egoistischer ausgeprägt als in Deutschland. Die Japaner sterben aus, und die Deutschen sterben aus. Aber dennoch würde bei uns kein Politiker wagen, für dieses dumpf nationalistische Volkswohl-Interesse den Frauen eine der größten Errungenschaften der neueren Medizin vorzuenthalten.

Trotz des Pillenverbots gingen die Geburtenzahlen drastisch zurück. Da Japan keine nennenswerte Einwanderung hat, wird voraussichtlich 2006 zum ersten Mal seit dem Zweiten Weltkrieg die absolute Bevölkerungszahl sinken.

Also, wie schaffen die das ohne Pille?

Kondome sind die erste Wahl. Kein verschämtes Fragen – alle Apotheken und viele Kombinis haben ein Riesenregal mit einem Schild »Verhütungsmittel«, in dem bis zu 50 Kondom-Sorten in allen Formen, Farben und Geschmacksrichtungen stehen. Allerdings in nur einer Einheitsgröße, was die Homogenität der Japaner auf einem weiteren Gebiet bestätigt und vielen Westlern Kopfzerbrechen bereitet. Radikalere Verhütungsmethoden wie Spirale oder freiwillige Sterilisation sind kaum verbreitet. Daher sind die zuverlässigsten Kondom-Benutzer die, denen es am lästigsten sein muß: feste Paare, vor allem Ehepaare. Ist das nicht grausam? Ein Ehepaar muß zehn, zwanzig Jahre tagaus, tagein beim Sex Kondome benutzen, um nicht laufend am Kinder-machen zu sein. Bei Leuten ohne festen Partner und Jugendlichen ist das Kondom dagegen unpopulär. Viele Männer spielen mit der einen oder anderen Frau einfach »japanisches Roulette«: Sex ohne Schutz – es wird schon schiefgehen. Selbst erfahrene Paare ziehen oft nur zwei Alternativen in Betracht: Gar keine Verhütung oder die katastrophal unsichere »Raus, bevor es kommt«-Methode. Wer unvorbereitet ins Liebeshotel geht, hat oft auch keine andere Wahl: Die Zimmer haben nämlich eigene Karaoke-Fernseher, Videospiele und Bettwäsche im Micky-Maus-Design – aber Kondome liegen fast nie aus. Viele intelligente und erfahrene Twens halten es wie Kosuke, Absolvent der berühmten Waseda-Universität: »Ich nehme es schon manchmal«. Aber was tut er sonst?

Wenn ein Kondom benutzt wird, erwarten die Frauen vom Mann, daß er es sich selber überzieht. Sie wollen mit der Hand nicht berühren, was doch ohnehin gleich ihren Körper von innen berührt. Der Aspekt der Erotik und das Stärken der »zweisamen Gemeinsamkeit« entgeht ihnen dabei genauso wie die präven-tive Kontrolle. Oft kommt nach dem Akt die halbherzige Frage: »Hast du eigentlich ein Kondom benutzt?« – »Äh, nein.« – »Ach so …«

Die Abneigung gegenüber Kondomen hängt vielleicht auch mit dem seltsamen Ekel zusammen, sich bewußt mit den Organen des Unterleibs zu befassen. Es ist paradox: Nirgendwo sind Jugend-liche sexuell so frei wie in Japan – und dennoch wollen sie mit den Organen, mit denen sie diese Freiheit ausleben könnten, nichts zu tun haben. Bezeichnenderweise ist das populärste Wort für Geschlechtsteile eins, das männliche wie weibliche Ge-schlechtsorgane unterschiedslos benennt und sich gleichzeitig von ihnen distanziert: »asoko« = »das da unten«. Ein weiterer Ausdruck des Unterleib-Ekels ist die mangelnde Popularität von Tampons. »Binden sind so unhygienisch. Man (frau) ist nie rich-tig sauber. Trotzdem hassen die Japanerinnen Tampons. Wahr-scheinlich, weil sie sich selbst dann zuviel anfassen müssen. Die denken irgendwie, Tampons sind schmutzig, dabei sind es die Binden«, meint eine Freundin aus Brasilien.

Die Gleichgültigkeit gegenüber der Verhütung ändert sich schlagartig mit der ersten ungewollten Schwangerschaft. Solche gibt es in Japan wie Sand am Meer, wie die populärste und grausamste Verhütungsmethode, die Abtreibung, zeigt. Wo in Deutschland geklagt wird, daß auf bereits drei Geburten eine Abtreibung kommt, kommen in Japan auf eine Geburt drei Abtreibungen (jeweils Schätzungen der groben Dunkelziffer). Neunmal so hoch wie in Deutschland ist die Abtreibungsrate! Statistisch gesehen muß also jede Japanerin in ihrem Leben mindestens einmal abgetrieben haben. Daher ist jede Frauenklinik in Japan ohne viel Umschweife auch eine Abtreibungsklinik. Neben dem Untersuchungsraum für die Neugeborenen befindet sich direkt das Zimmer mit dem Abtreibungsstuhl. Keine Klinik kann es sich wohl leisten, nur mit Geburten Geld zu verdienen. Das Geld ist auch der Grund, warum jeder normale niedergelassene Frauenarzt Abtreibungen anbietet und sie oftmals den schwangeren Frauen geradezu aufdrängt. Wollte die Frau nämlich entbinden, wäre der Arzt die Patientin los, weil sie zu einer richtigen Klinik wechseln würde. Eine selbst mit Vor- und Nachbereitung normalerweise kaum länger als eine Stunde dauernde Abtreibungsoperation kann in der eigenen Praxis durchgeführt werden und spült dem Arzt sofort bis zu 300.000 Yen auf die Hand.

Eine japanische Bekannte, eine 20jährige Studentin, stieß auf eine besonders geschäftstüchtige Frauenärztin. Gerade eben erst hatte die Ärztin ihr eröffnet, daß sie schwanger sei, schon bot sie ihr an, das Kind für 110.000 Yen wegzumachen. Die Studentin war von der Nachricht ihrer Schwangerschaft noch zu sehr geschockt, als daß sie sofort überhaupt irgendetwas hätte sagen können. Die Ärztin jedoch schien das Schweigen der Studentin als Zögern zu deuten. Ob Zögern, weil sie vielleicht doch entbinden wollte, oder Zögern wegen des Preises für die Abtreibung, sei dahingestellt. Auf jeden Fall schickte die Ärztin gleich ein Sonderangebot hinterher: »Ah, ich sehe gerade, daß Sie noch Studentin sind. Für

Studentinnen habe ich einen speziellen Preisnachlaß von 20%, das wären dann nur noch 90.000 Yen.«

Das Verhalten dieser Frauenärztin war wohl menschlich verwerflich, illegal ist es aber nicht. Pflichtberatung, Aufklärung auch über die positiven Aspekte des Mutterwerdens oder gar eine Wartefrist von drei Tagen zwischen der Beratung und der Abtreibung – alles vorgeschrieben in Deutschland – hat der sonst so um jeden neuen Staatsbürger eifrig besorgt scheinende japanische Staat nicht vorgesehen. Bis zum dritten Monat ist Abtreiben ohne weitere Auflagen oder Einschränkungen gesetzlich erlaubt. Die Schwangere muß zur Operation zwar einen Zettel mitbringen, auf dem auch der Erzeuger sein Einverständnis schriftlich erklärt, aber ob Unterschrift und Anschrift irgendeiner realen Person zuzuordnen sind, kann kein Arzt überprüfen. Meine Bekannte nahm schließlich die Krux auf sich, einen anderen, seriöseren Arzt zu suchen, und fand schließlich einen, der ihr nicht nur zunächst die Risiken erläuterte, sondern für das Ganze auch nur 40.000 Yen nahm – und ihr vor allem danach (gegen ihren anfänglichen Widerstand) die Pille verschrieb. Leider gibt es viele Frauen, die ihr Baby lieber beim erstbesten »Frauenarzt«, der mit eindeutigen Anzeigen im Branchenbuch für sich wirbt, für Unsummen abtreiben lassen, als die peinliche Geschichte ein zweites Mal erzählen zu müssen. Dem geschäftsmäßigen Umgang mit ungewollten Schwangerschaften auf Seiten der Ärzte entspricht die Gefühllosigkeit, mit der sich viele betroffene Japanerinnen der Operation stellen. Die Entscheidung für eine Abtreibung ist für manche nicht schwerer als die für eine Warzenoperation. Sie machen sich vergleichsweise wenig Gedanken um die moralischen Aspekte einer Abtreibung. »Ich wollte das Baby nicht, und es war gut, daß ich es gemacht hab. Klar, es ist schade um das Baby, aber ich bin jetzt nicht traurig oder so«, sagt Masami, 25. Vielen Frauen in Deutschland wird eingeredet, sie würden Schuld auf sich laden, wenn sie abtrieben. Diesen Moralrummel und den christlichen Hintergrund der Diskussion gibt es in Japan überhaupt nicht (der moralische Begriff von »Schuld« rückte erst mit der Übersetzung der Bibel in den japanischen Wortschatz).

Trotzdem leiden natürlich auch in Japan viele Frauen sehr lange darunter, abgetrieben zu haben. Und das ist kein Gerücht.

Endlich ist die Pille legal. Besorgt sie Euch, Japanerinnen, Euch zuliebe!

Körpersprache
Das Gegenteil von Anmut

**Schlurfer. Virtuelle Golfspieler.
Kaffeetassenhalterinnen. Straußeneierausbrüter.
Und alle Details des Begrüßungs- und
Abschiedswinkens.**

An den japanischen Unis scheinen lauter alte, kranke Männer zu
studieren. Der Gehstil der Anfang 20jährigen Studenten ist es, der
sie so gebrechlich wirken läßt. Auf dem Weg zur Toilette oder zur
Mensa schlurfen sie derart langsam nebeneinander her, daß man
ihnen am liebsten unter die Arme greifen möchte. Einen Fuß
müde knapp vor den anderen gesetzt, das Bein kaum angehoben,
so daß die Sohlen ununterbrochen über den Boden schleifen. Das
Schlurfen ist fast so etwas wie ein Markenzeichen von (männlichen) Studenten vorzugsweise in höheren Semestern. Stellen Sie
sich die Mensa einer großen Universität zur Mittagszeit vor:
Dutzende von Studenten-Gruppen schlurfen gemeinsam auf den
Eingang zu, ein einziges Schaben von Schuhen. Ähnlich energie-
los sieht man nur Maurer, die in der Zigarettenpause eine Cola
trinken möchten, auf den am Rand der Baustelle bereit gestellten
Getränkeautomaten zuschlurfen. Diese Leute haben mit dem
Leben abgeschlossen, jede Bewegung ist ihnen zuviel, ist der erste
Gedanke des Beobachters. Dabei haben die verzogenen Söhn-
chen einfach nie gelernt, wie man sich in der Öffentlichkeit bewegt. Dazu paßt die, gerade für Studenten technischer Richtungen typische, versiffte, aufgetragene Kleidung – ein krasser
Gegensatz zu den Modepüppchen direkt vor dem Campustor.
Andere können nicht stillhalten und zappeln unentwegt. Das ist
gut bei auf dem Bahnsteig Wartenden zu beobachten. Garantiert
sieht man zwei oder drei, die »nackendrehen« und einige, die
»golfspielen«. Die »Nackendreher« neigen ihren Kopf zur Seite,
drehen ihn dann langsam nach hinten und auf die andere Seite.
Da angekommen, wieder zurück in die Ausgangsposition. Das

Ganze wird mehrmals wiederholt. Bei uns lernt man diese Art der Kopfbewegung in Gymnastikkursen, weil sie die oberen Nackenwirbel und -muskeln entspannen hilft. Ich nehme an, daß dieser nützliche Effekt auch der Grund für das »Nackendrehen« ist. Allerdings fängt in Europa kaum einer mit Gymnastikübungen ausgerechnet dann an, wenn er Freunde trifft oder in einen Zug einsteigt.

Die »Golfspieler« greifen mit beiden Händen einen nicht vorhandenen Schläger und schwingen damit weit ausholend zum Abschlag eines nicht existenten Golfballs. Die wirklichkeitsgetreue halbe Drehung des Oberkörpers um die eigene Achse beansprucht auf den engen Bahnsteigen natürlich viel Raum. Bei regnerischem Wetter steigt die Zahl der Golfspieler dazu noch sprungartig an. Wenn man ein schlägerähnliches Instrument wie einen geschlossenen Schirm in der Hand hält, scheint das Muster »Golfspielen« noch leichter ausgelöst zu werden. Golf ist der japanische Volkssport – Millionen gehen nach der Arbeit in »Abschlagclubs«, um ihren Abschlag zu perfektionieren. Aber warum müssen sie ausgerechnet auf dem Bahnsteig üben? Können sie nicht bis abends warten? Nein, es geht überhaupt nicht ums Golfspielen. Die Japaner können einfach nicht mit »leerer Zeit« umgehen, nicht einfach untätig herumstehen und warten. Egal, ob man in einer Gruppe auf die Nachzügler wartet oder nach der Arbeit noch unentschlossen auf der Straße steht und diskutiert, in welche Bar man nun geht – immer sind sie in Bewegung. Mich nervt es ungemein, wenn mein Gesprächspartner dauernd den Kopf oder Körper herumwirbelt, während ich ihm etwas erzähle. Wir Europäer können warten und Schweigen relativ gut aushalten. Amerikaner werden zumindest nur Small Talk reden. Aber Japaner können nicht einmal souverän schweigen. Wenn die Spannung des Schweigens zu sehr auf ihren Schultern lastet, beginnen sie mit Gymnastik oder Sport.

Frauen unterliegen nicht so sehr dem Druck, leere Zeit auszufüllen, aber das heißt noch lange nicht, daß ihre Bewegungen ungekünstelter wären. Auch sie verfallen in bestimmte Körperhaltungen. Da gibt es zum Beispiel die »Kaffeetassenhalterinnen«.

Es gibt kein einfacheres Wort. Viele Frauen, die eine Tasse oder Dose mit einem warmen Getränk (Kaffee kann man auch warm und auch in Dosen kaufen) in der Hand haben, umklammern es regelrecht mit beiden Händen. Dazu beugen sie ihren Kopf, buckeln ihren Rücken, seufzen auf und verziehen das Gesicht traurig, als wollten sie sagen: »Ach, die Welt ist schlecht, laß mich in Ruh, der Kaffee ist mein einziger Freund.« Irgendwie erinnern sie an die Camperin im deutschen Fernseh-Spot für »Yes-Törtchen« vor einigen Jahren, die ihren Geburtstag im Zelt bei strömenden Regen feiern muß: »Wenigstens haben wir Kaffee«, seufzt sie, bevor ihr Partner ein »Yes-Törtchen« mit Kerze hinter seinem Rücken hervorholt. Es wäre akzeptabel, wenn die Haltung tatsächlich spontan aus der Situation heraus entstünde, aus einem individuellen Anfall von Melancholie. Aber sie ist bei Massen von Frauen zu beobachten: Kaum haben sie eine Tasse oder Dose in der Hand, schon stellt sich wie ein Reflex die gleiche Körperhaltung und der gleiche Gesichtsausdruck ein. Vielleicht liegt es daran, daß viele Frauen im Winter sogenannte »Hokkairo« mit sich herumtragen. Das sind kleine Einweg-Wärmekissen, die durch eine chemische Reaktion in ihrem Innern stundenlang warm bleiben, wenn man sie einmal kurz schüttelt. Bei längeren Spaziergängen durch die feindliche Kälte greift man in die Jackentasche, um seine Hände am chemischen Feuer zu wärmen. Aber auch eine ausgelassen gestimmte Japanerin, die im Hochsommer im sonnigen Straßencafe sitzt, wird, wenn ihr Kaffee kommt, für einige Sekunden innehalten, um in die melancholische Pose zu verfallen. Selbst für den Spezialfall »Anfassen eines kleinen, angenehm warmen Gegenstandes« gibt die Gesellschaft anscheinend die Haltung vor.

Auch das Winken von Frauen wirkt erstarrt und halbherzig. Das lockere Winken des westlichen Abschiedsgrußes wirkt aufdringlich und grobschlächtig gegenüber dem sanften japanischen Verbeugen. Trotzdem ist Winken cool, und so entsteht ein typischer lahmer, japanischer Kompromiß: Man winkt zwar, aber hält die Hand ganz dicht an die Brust mit nach außen gedrehter Handfläche und schüttelt sie eher aus, als daß man winkt. Frauen unter sich halten sogar beide Hände vor die Brust und schütteln sie gleichzeitig in entgegengesetzte Richtungen. Das soll immer noch formal und inhaltlich die Funktion des Winkens erfüllen, wirkt aber eher, als ob sie ihren Schlafzimmerspiegel blank reiben. Stellen Sie sich nun eine größere Gruppe von jüngeren Frauen vor, die Tschüß sagt. Da stehen sich sechs, sieben Leute gegenüber, und alle schütteln aus Leibeskräften. Die Schüttelenergie soll die Intensität der Abschiedsgefühle verdeutlichen. Aber die Hände zeigen das Gegenteil: Sie sind dicht vor der eigenen Brust und signalisieren eher eine Abwehrhaltung. Ein einfacher Händedruck wäre da aufrichtiger.

Das Begrüßungsritual unter Freundinnen wiederum kann man am besten an jüngeren Frauen studieren. Beide winken sich erst mal auf Distanz zu, ähnlich wie beim obigen Abschiedswinken. Ihre Körper durchläuft ein sichtbares Zittern von oben bis unten. Während der ganzen Zeit des Begrüßungsrituals, das Minuten dauern kann, kichern sie. Endlich greifen sie sich an beiden Händen und lassen sich für Minuten nicht mehr los. Warum nervt das? Weil es heuchlerisch ist. Herzliche Begrüßungen wären o.k., wenn man den anderen wirklich vermißt und sich auf das Treffen mit ihm gefreut hat. Aber hier paßt die Form nicht zum Inhalt. Den Freund oder Verlobten würden die Frauen nie so überschwenglich begrüßen. Öffentliche Berührungen mit dem wirklich geliebten Körper sind nämlich peinlich. Der überschwenglichen Begrüßung folgt schließlich oft nichts. Stumm gehen die Freundinnen nebeneinander her oder sitzen schweigsam in der Kneipe, weil sie nicht wirklich viel verbindet und sie sich nicht wirklich viel zu sagen haben. Trotz aller Liebesbeteuerungen bei der Begrüßung wird deutlich, daß sie oft eben keine Busenfreundinnen sind, sondern nur eine Notgemeinschaft in dieser großen, einsamen Stadt, um abends nicht allein zu sein.

Die witzigste Körperhaltung schließlich ist das Hocken. Wer in der Stadt beim Einkaufsbummel ist und sich kurz ausruhen möchte, findet keine Sitzgelegenheit. Sitzbänke fehlen genauso im Stadtbild wie öffentliche Toiletten oder Mülltonnen. Wer den Luxus des Sich-Setzens wünscht, soll dafür löhnen und in ein teures Kaffeehaus gehen. Auf der Straße bleibt nur Stehen – oder eben Hocken. Frauen sieht man weniger in dieser Pose, weil sie ständig die Angst umtreibt, man könnte ihnen unter den Rock gucken. Aber wenn Männer aller Alters- und Berufsklassen müde sind, dann hocken sie sich einfach auf den Gehsteig oder den Bahnsteig, egal ob in Jeans oder Anzug. Selbst größere Gruppen gehen schnell zu einem »Hock-In« über. Sie können Dutzende von Minuten dahocken, den Hintern ein bißchen angehoben, die Knie nach vorne. Wenn ich eine solche Gruppe von durchgestylten Twens sehe, wie sie, ihre Kaffeedosen in der Hand, Straußeneier ausbrüten, muß ich unweigerlich an ein altes Dia von meinem kleinen Bruder im Spanienurlaub denken, wie er, zwei Jahre alt, in der gleichen Pose am Strand hockt und sein großes Geschäft im Sand verrichtet.

Yamanote
Mehr als nur eine S-Bahn-Linie

Bei wieviel Prozent Zugauslastung kann man sein Taschenbuch nicht mehr umblättern? »Bitte werfen Sie sich nicht zur Hauptverkehrszeit vor den Zug!« Der Tag, an dem »Eisgekühlter Bommerlunder« durch die Waggons schallte.

Die Yamanote-Linie ist der metallgewordene Ausdruck des Wahnsinns, daß 30 Millionen Menschen versuchen, in einer einzigen Stadt zu leben und dabei ein geregeltes Leben zu führen. Die Normalität dieses Lebens wird durch die Bahnlinien gewährleistet, die wie Adern in jeden Teil des Molochs Tokio vordringen. Das Herz dieses eisernen Kreislaufs ist die S-Bahnlinie »Yamanote«. Sie fährt kreisförmig um die Innenstadt von Tokio in beide Richtungen: mit und entgegen dem Uhrzeigersinn. Wer sich in einen Yamanote-Zug setzt, ist 29 Bahnhöfe und ungefähr 60 Minuten später wieder am Ausgangsbahnhof. Alle diese typischen Tokio-Fotos, die Schaffner zeigen, die Fahrgäste noch in den letzten freien Quadratmeter der Bahn pressen, oder Herden von Geschäftsleuten, die aus einem Zug strömen, kommen von der Yamanote-Linie.

Jeder Zug dieser hybriden S-Bahn ist so lang wie ein deutscher Fernzug: Zehn Waggons, fast 300 Meter. Wenn ich am falschen Ende des Zuges eingestiegen bin und beim Aussteigen den ganzen Bahnsteig entlanglaufen muß, um zum richtigen Ausgang zu kommen, so brauche ich über drei Minuten für die ganze Bahnsteiglänge – da fährt normalerweise schon der nächste Zug ein. Ein 300 Meter langer Zug alle zwei, drei Minuten – und immer noch stopfen wir Passagiere die Züge morgens weit über die Kapazitätsgrenze hinaus voll: »120 Prozent – ich kann meine Zeitung noch halb öffnen«, »150 Prozent – ich kann die Tasche nicht mehr auf dem Boden abstellen« – »180 Prozent – ich habe keine Armfreiheit, um mein Taschenbuch umzublättern.« Besser als jeder subjektive Krittelbericht eines Ausländers illustriert die Bahngesellschaft JR selbst die Überfüllungsgrade. Jene Rangliste des täglichen Wahnsinns befindet sich auf großen Postern im Zug zusammen mit anschaulichen Zeichnungen, um wenigstens einige Kunden dazu zu bringen, statt um sieben oder acht vielleicht erst um neun in die Stadt zu fahren. Aber welcher Arbeitgeber akzeptiert schon den Wunsch nach mehr Fußfreiheit auf dem Arbeitsweg als Verspätungsgrund?

In den morgendlichen Stoßzeiten steht in den größeren Bahnhöfen für jede einzelne (!) Waggontür ein Extra-Schaffner auf dem Bahnsteig. Bei drei bis fünf Türen pro Waggon sind also allein vierzig Schaffner ausschließlich damit beschäftigt aufzupassen, daß sich niemand beim Türenschließen einquetscht, und notfalls den letzten Fahrgast noch in die Menge zu schieben. Manchmal kommt man morgens in den Waggon und denkt ›na ja, heute geht das ja ausnahmsweise sogar‹, aber in der Sekunde bevor die Tür schließt, flutet eine Menschenmenge in den Raum, man wird gegen den Nachbarn gedrückt und fast vom Boden gehoben. Genauso verhält es sich beim Aussteigen: Wie kommt man raus, wenn vor einem zwanzig Leute sind, die weiterfahren? Bis man alle japanisch höflich gebeten hätte, zur Seite zu treten, wäre der Zug schon drei Bahnhöfe weiter. Wohin sollten sie außerdem treten? Da hilft nur das gnadenlose Drücken des Menschenpulks vor sich in Richtung offene Tür. Die ersten werden herausgestolpert, die nächsten folgen freiwillig, alle warten vor der Tür, und man kann aussteigen. Dann müssen sie natürlich wieder rein.

Um mehr Platz zu schaffen, haben viele Waggons Klappsitze, die erst um 10 Uhr automatisch heruntergelassen werden. In diesen Waggons kann man morgens also nur stehen, so daß in einen Waggon 200 bis 300 Passagiere passen. Das schafft sicher Raum, aber wie ein amerikanischer Freund sagt: »Wenn wir immer den gleich hohen Fahrpreis zahlen müssen, müssten wir auch einen Sitzplatz bekommen können.« Diese Stehwaggons lassen mich manchmal an Viehwaggons denken. Die steigende Gereiztheit, mit so vielen anderen zusammengedrängt zu stehen, ist sicherlich die gleiche. Die Fenster lassen sich nicht öffnen, die Türen gehen auch nur automatisch auf, und man befindet sich zwischen Körpern und Gerüchen eingequetscht.

An einem heißen Sommermorgen blieb ich einmal in so einem Viehwaggon mitten auf der Strecke stehen. Alle blieben zunächst ruhig. Der Schaffner sagte durch, daß der Haltegrund nicht bekannt sei und wir noch warten müßten. Daraufhin folgte zunächst hektische Aktivität: Alle holten ihr Handy heraus, um mitzuteilen, daß sie sich verspäten würden. Danach wieder Schweigen. Die Klimaanlage funktionierte nicht richtig. Nervöses Blättern in bereits gelesenen Zeitungen und Büchern – soweit möglich. Dann nur noch stummes Warten in Anschlagstellung. Alle standen da wie gereizte Tiere. Nach 15 Minuten fuhren wir zum Glück weiter, denn ich hatte den Eindruck, nur fünf Minuten länger, und wir wären aufeinander losgegangen oder hätten versucht, die Fenster einzuschlagen. Aber auch meine normale Fahrtstrecke von zwölf Minuten mit der Yamanote reicht schon aus, um total erschöpft und aggressiv auszusteigen. Mein nutzloses und zugegeben primitives Ventil ist es dann manchmal, beim Aussteigen absichtlich fest zu drücken, ja meinen Frust richtig in den Vordermann hineinzuboxen. Trotzdem beschwert sich niemand.

Das Interieur der Züge ist geeignet, die Aggressivität noch weiter aufzuheizen. An jeder möglichen Stelle sind die Waggons mit Reklame beklebt: Über die ganzen Wände, als Aufkleber auf den Fenstern und Türen. Dazu hängen über die ganze Waggonbreite alle drei Meter Plakate von der Decke mitten in den Raum hinein. Und schließlich sind alle Haltegriffe noch in kleine, neckische Werbeboxen eingefaßt. In diesen Momenten wünsche ich mir, Japanisch nicht lesen und die bunten Bilder einfach ignorieren zu können. Denn man kann der Werbung einfach nicht entgehen. Vielleicht ist das der Grund, warum so viele Leute in der Bahn Zeitung oder Bücher zu lesen versuchen: Sie brauchen einfach einen neutralen Blickfang. Die Viehwaggons mit den hochgeklappten Sitzen haben sogar kleine Fernseher, neben jeder Tür zwei, wie in dem Science-Fiction-Film »Total Recall«. Da laufen natürlich vor allem Werbefilme, unterbrochen durch aktuelle Nachrichten und die Wettervorhersage.

Seit neuestem gibt es »Themen-Wagen.« Ein einziges Unternehmen mietet die Werbefläche eines ganzen Waggons. Einige Werbende wie die Kirin-Brauerei bewerben immerhin noch auf jedem Plakat ein anderes Bier aus ihrer Produktpalette, aber manche Firmen wie das US-Kleiderhaus »Gap« hängen genau zwei verschiedene Plakate auf – dutzendfach in allen Formen und Größen unentwegt das gleiche Motiv, das auch noch auf dem Fernseher als Standbild zu sehen ist. Wo ich auch hinschaue: »Gap Jeans«, das gleiche Bild mit dem gleichen Lächeln des gleichen Models, das macht einen verrückt. Das ist wirklich Psychofolter.

Eine Freundin, die am anderen Ende der Stadt wohnt, haßt die Yamanote-Linie derart, daß sie lieber zweimal öfter umsteigt und auf Umwegen zu mir kommt, als direkt mit der Yamanote fahren zu müssen. Man fängt an, die Betreibergesellschaft JR zu hassen, alle anderen Passagiere zu hassen, alle Japaner gehen einem auf den Nerv, und schließlich haßt man sich selbst.

Bei manchen Fahrgästen brennt die Sicherung durch – sie werfen sich vor den Zug. Sicher ist der Grund nicht der Haß auf die Yamanote. Aber auch ich würde mir – wenn ich entschieden hätte, mein Leben zu beenden – die Gleise der Yamanote aussuchen. Wenn ich schon sterben muß, dann sollen wenigstens möglichst viele nicht nur von meinem Tod Notiz nehmen, sondern auch gehörig dafür büßen. Und wir Fahrgäste büßen immer häufiger. Alle drei bis vier Wochen höre ich die Durchsage von einem »Personenunfall«. Ein paar Tage lang hatten die Beamten der Bahnhofsverwaltung von Shinjuku angeblich sogar die Chuzpe, ein Schild an die Gleise zu stellen: »Bitte nicht zur Hauptverkehrszeit springen«, bis diese gefühllose Art der behördlichen Zuteilung von Selbstmordterminen selbst den an Regulierungen gewöhnten Fahrgästen aufstieß und das Schild wieder entfernt wurde. Wenn sich einer an irgendeinem Bahnhof vor den Zug schmeißt, sind sofort alle Züge in beiden Richtungen blockiert – sie fahren ja im Kreis auf dicht nebeneinanderliegenden Gleisen.

Wenn nur ein Zug in diesem fragilen Gleichgewicht ausfällt, eine Menschenladung nicht weiter transportiert wird, ist der Bahnsteig binnen Minuten so voll wie die Züge selbst. Wenn mehrere Züge nicht fahren, stauen sich die Leute auf der Treppe und der Bahnhofshalle. Bei diesen Selbstmord-Events wird einem klar, was für Menschenmassen die Yamanote-Züge ohne Unterbrechung durch die Stadt schaufeln – und wie abhängig wir von dieser Bahn sind. So hat der Selbstmörder zumindest Satisfaktion im Tod: Zehntausende stecken an Bahnhöfen für mindestens eine Stunde fest und ärgern sich. Und Hunderte von Angestellten der Bahn werden aus ihrem Trott gerissen, müssen gereizte Leute mit nutzlosen Phrasen vertrösten, die ihnen selber peinlich sind: »Es gab einen Personenunfall am Bahnhof XY. Daher fährt kein Zug. Wir können leider nicht sagen, wann wieder ein Zug fährt. Entschuldigen Sie bitte die Unannehmlichkeit.«

Dabei könnten sie angesichts der Regelmäßigkeit solcher Fälle vorsorgen. Zwei Linien mit eigenen Gleisen, die Seikyo- und die Keihin-Linie, fahren zumindest teilweise parallel zur Yamanote. »Mein« letzter Selbstmord war an einem Samstagabend gegen Mitternacht. Die Yamanote fuhr noch, alle anderen Linien hatten schon Fahrtschluß. Anstatt sich tausendmal zu entschuldigen, hätten sie auf den Parallellinien einfach Zusatzzüge fahren lassen können. Aber das wäre ja Flexibilität. Ich fragte einen Beamten, ob sie zusätzliche Züge auf den anderen Linien einsetzen würden. Er schaute mich so entgeistert an, als ob ich ihn nach der Telefonnummer des nächsten Puffs gefragt hätte.

Selbstmord ist nicht der einzige Weg zu einem Verkehrschaos. Einige Ausländer und weltoffene Japaner in Tokio hatten in den letzten Jahren einen subversiven und viel fröhlicheren Weg gefunden, an der Yamanote ihren Haß auszulassen, nämlich Anfang November mit einer Halloween-Party im Zug. Mitte Oktober erhielt man von mehreren obskuren Absendern per E-Mail das Datum und die genaue Abfahrtszeit eines Yamanote-Zuges in Shinjuku mitgeteilt. Man sollte mit möglichst vielen Freunden kommen und möglichst kostümiert. So strömten dann an einem noch warmen Herbstabend bis zu tausend fröhliche Menschen mit einem Schlag auf den Bahnsteig. Zur Hälfte Ausländer, zur Hälfte Japaner, jedes Alter war vertreten, die meisten verkleidet, viele schon angeheitert, auf jeden Fall eingedeckt mit Getränken für die Fahrt. Als der Zug einfuhr, brach das Chaos aus. Alle strömten hinein und kaperten die Bahn. Innerhalb von Sekunden hatten die ersten die grellen Neon-Röhren ausgedreht und ihre großen tragbaren CD-Spieler angestellt, um eine schummrige Feten-Atmosphäre zu schaffen. Der Zug fuhr ordnungsgemäß los. Einige Leute legten sich auf die Gepäcknetze, jeder prostete jedem zu, internationales Sprachengewirr, alle aufgedreht und gut drauf. Aber nur eine Station lang. Denn ein Teil der Gaudi bestand darin, daß bei jedem einzelnen Bahnhof ein großer Teil der gesamten Partygesellschaft aus dem Zug rannte und versuchte, in einen anderen Waggon wieder einzusteigen, bevor der Zug weiterfuhr. Natürlich war spätestens ab dem zweiten Bahnhof hinter Shinjuku jeder normale Fahrgast freiwillig aus- und keiner mehr zugestiegen. Der Zug war also fest in Party-Hand. Einige Geschäftstüchtige hatten sogar Kühltaschen mitgebracht und verkauften Bier für die üblichen Mondpreise. Es bildeten sich Interessengruppen: In einem Waggon wurde von deutschen Auswanderern »Eisgekühlter Bommerlunder« gegrölt. Bei anderen Partygästen löste der Alkohol die Aggressionen gegen die Bahngesellschaft, gegen die Japaner, gegen alle Erniedrigungen der letzten Monate. Sie fingen an, die Werbeplakate herunterzureißen und die Wände zu beschmieren. Ich gebe zu, allein diese Aggression zu sehen, so primitiv sie auch scheint, verschaffte auch mir ein Gefühl der Satisfaktion.

1996 durfte die Party immerhin drei Mal im Kreis fahren, das Vergnügen dauerte also drei Stunden. 1997 stand die Polizei schon vor dem Ende der ersten Umrundung bereit – aber genau richtig, am Bahnhof im Vergnügungsviertel Shibuya. Die Leute wurden nach draußen komplimentiert, aber es gab keine Aufnahme von Personalien oder gar Verhaftungen – einfach nur: Ende der Party. Aber das war halb so schlimm, denn geschäftstüchtige Bars in Shibuya hatten schon vorher Handzettel im Zug verteilen lassen mit Getränkebons – und vielleicht sogar die Polizei dorthin gelotst. 1998 fuhr die Polizei von Anfang an mit. Auf jedem der zwei Bahnsteige (vorsorglich für beide möglichen Richtungen) stand ungefähr eine Hundertschaft bereit, also kaum weniger Ordnungspersonal als Partyteilnehmer. Dennoch wurden wir nicht am Feiern gehindert. Das Herausdrehen von Neonröhren oder das Probeliegen in den Gepäcknetzen wagte aber in diesem Jahr niemand mehr. Eigentlich verhielten wir uns gesitteter als so manche Gruppen von Geschäftsleuten, die am späten Abend nach den Pflichtgelagen mit den Kollegen Züge und Bahnsteige vollgrölen und vollkotzen. Wir lobten die Polizisten für ihre realitätsnahe Kostümierung und hatten noch mehr Spaß als üblich mit dem Waggon-Wechsel-Dich-Spiel. Dieses Mal warteten wir bis zum Moment des Türenschließens, um schnell hinaus zum übernächsten Waggon zu rennen. Die Polizisten waren erst verdutzt, warteten dann den Befehl ihres Zugführers ab, der natürlich viel zu spät kam, um noch aussteigen zu können. Dann quälten sie sich nach Abfahrt im Zuginnern von Waggon zu Waggon, um uns schließlich kurz vor der nächsten Station anzutreffen, und das Spiel begann wieder von vorne.

Warum trauten wir uns, so frech zu sein? Weil wir ausnahmsweise die Narrenfreiheit des Ausländer-Seins ausnutzten. Die Polizisten hätten nur bei einem offensichtlichen Gesetzesverstoß eingegriffen, aber nicht weil ihnen nur unser Verhalten nicht paßte. Irrationales Verhalten verunsichert Japaner nämlich zutiefst. Anstatt einen Narren an die Leine zu legen, versuchen sie, ihn zu verstehen. Genauso haben die Geschäftsleute oder Studenten, die von Trinkgelagen heimkehren, ihre Schonzeit, solange sie besoffen sind. Wir sollten uns was schämen, die Freundlichkeit unseres Gastgeberlandes so auszunutzen. Nein, nein. In Deutschland hätten sie zwar kurzen Prozeß gemacht und alle erst gar nicht in den Zug gelassen, aber die Berliner hätten wahrscheinlich schon einen offiziellen S-Bahn-Day bekommen. Und im Rheinland sind öffentliche Verkehrsmittel an Karneval sowieso nur eine bewegliche Kneipenversion. Kleinkarierte Polizisten würden dort als Spielverderber ausgebuht. In Tokio dagegen warnte 1999 die Polizei vor Halloween in großen Tageszeitungen davor, an diesem gemeingefährlichen Ereignis teilzunehmen. So eingeschüchtert, traute sich natürlich niemand mehr auf den Bahnsteig – und wieder hatte in Japan eine große Monotonie eine kleine Originalität abgewürgt.

Spaß
Kein Spaß an der Freud

Warum die S-Bahn nach zwölf nur noch auf dem Bildschirm fährt. Wo man eine japanische Frau verführt. Japanische Affinität zu Nagelbrettern.

»Waka« ist eine klassische Gedichtform im Japanischen. Die Metrik ist wie beim bekannteren Haiku genau festgelegt. Im alten Japan war in, wer spontan zu jeder Situation und Lebenslage sogleich ein passendes Waka komponieren konnte. Vor allem in zwei Situationen konnte und sollte der Mann von Welt seine wahre Meisterschaft im Waka-Dichten zeigen: beim Orgasmus und in der eigenen Todesstunde. Warum? In diesen zwei Situationen wird der Mensch wie sonst nie von eigentlich unbeherrschbar starken Gefühlen, unendlichem Glück oder unendlicher Angst, überrollt. Wer es dennoch schafft, seinen Verstand über diese Gefühle hinaus zu erheben und sie in das Korsett eines starren Versmaßes zu pressen, hat die Gefühle besiegt. Japan freundlich gesinnte Europäer werden sofort etwas von Zen murmeln: Askese, der hehre Triumph des Geistes über das Fleisch usw. Aber warum zum Teufel durften Japaner ihre Orgasmen nicht einfach genießen?

Hinter dem Waka-System schimmert ein Grundmotiv auch der heutigen Einstellung vieler Japaner zum Leben durch: Spaß muß nicht sein. Legen wir rechtzeitig eine objektive Definition für »Spaß« fest, bevor man mir unterstellen kann, ich würde den Spaßgrad aller 125 Millionen Japaner an meiner persönlichen Art des Vergnügens messen: »Spaß« ist, das zu tun, was man gerne tut. Und das tun die Japaner nicht. Was immer sie für Spaß halten mögen: Nicht, was sie tun, ist schlecht, sondern, daß sie es nicht tun. In der Hierarchie der Werte, die das eigene Handeln lenken, steht Spaß ganz unten. Es gibt immer etwas Wichtigeres: die Pflicht zur Arbeit, die Sorge um die Familie und nicht zuletzt die

Gefahr, daß die anderen sehen könnten, daß man einfach zweckfrei nur Spaß hat.

Die Mehrheit der Japaner war noch nie im Ausland. Das kann
nicht an den Flugpreisen liegen – ein Flug nach Los Angeles ist
ab 35.000 Yen und damit schon für den gleichen Preis wie eine
Zugfahrkarte von Tokio nach Osaka zu haben. Die in Japan arbei-
tenden Europäer fliegen zwei- bis dreimal pro Jahr ins Ausland,
oft in die relativ nahen Traumziele in Südostasien oder im Pazifik.
Dabei träumt auch fast jeder Japaner vom Ausland. Wenn Japaner
mir erzählen: »Ich beneide dich. Du hast schon im Ausland gelebt.
Ich würde auch gerne ein Jahr nach Europa gehen. Oder zumindest einmal dort Urlaub machen«, hören sie sich allerdings an wie
ehemalige DDR-Bürger, die der Staat in den eigenen Landes-
grenzen einsperrte. Aber die Japaner sperren sich nur selbst ein.
Sie haben durchaus zwei Wochen (!) bezahlten Urlaub, aber für
einen Japaner sind das immer noch zwei Wochen zuviel. Sie müssten die Firma verlassen, den Kollegen Arbeit aufhalsen, nur damit
man so etwas Unmoralisches wie SPASS haben kann? Nein, nein,
nein. Da bleiben sie lieber im Büro und werden zum Neidham-
mel, falls wirklich mal jemand die Courage hat, länger wegzu-
bleiben. Im Grunde darf man keine freie Zeit haben. Und wenn,
dann muß man sie sinnvoll nutzen, nicht zum Spaß.

In der Zeit der aufgeheizten japanischen »Seifenblasen-Wirt-
schaft« Ende der 80er Jahre wurde in Tokio eine Zeitlang kühn
der Vorschlag diskutiert, wenigstens die Yamanote-Bahn-Linie
rund um die Uhr 24 Stunden fahren zu lassen. Selbst in Tokio, der
mit Abstand größten Stadt der Welt, bekommt man nämlich kein
einziges öffentliches Verkehrsmittel nach ein Uhr nachts und vor
halb fünf in der Früh. Das ist eine Schande, wo selbst eine deutsche Provinzstadt wie meine Heimatstadt Würzburg mit einem
Zweihundertstel der Einwohnerzahl Tokios jede Nacht drei
Nachtbusse durch die Stadt schickt. In New York, Hongkong,
London oder Berlin sind Nachtbusse oder sogar rund um die Uhr
fahrende Bahnen selbstverständlich. Aber so spät nachts kann in
Japan einfach niemand aus gewichtigen Gründen unterwegs sein.
Die einzigen, die noch nicht schlafen, tun das, weil sie Spaß haben

wollen, weil sie sich in Kneipen, Bordellen oder in Diskos vergnügen wollen. Wenn diese Leute schon so lange aufbleiben müssen, dann können sie gefälligst auch ein Taxi bezahlen. Taxis aber, auch tagsüber teuer genug (300 Yen/km), erheben unverschämterweise von elf Uhr nachts bis fünf Uhr morgens, also in der Zeit ihres Transportmonopols, auch noch einen 30prozentigen Nachtzuschlag. So ist ein Freund von mir, der regelmäßig bis nachts um zwei Uhr arbeiten muß, immer gezwungen, die drei Stunden bis zum ersten Zug totzuschlagen, um nicht sein gerade erst verdientes Geld für das Taxi zu opfern. Die freudlose Einstellung der Bahnbetreiber führt tatsächlich dazu, daß in Tokio, der größten und reichsten Stadt des Planeten, unter der Woche nach Mitternacht so viel los ist wie in einer belgischen Kleinstadt (Entschuldigung an die Belgier: Es ist weniger los). Man überlegt sich immer, ob sich Fortgehen überhaupt lohnt – wen sollte man schon treffen? Und wenn solche äußeren Umstände auf die innere Wertehierarchie treffen, dann sitzen eben 24jährige Rechtsanwaltsgehilfinnen wie Akiko am Samstag Abend alleine zu Hause und blättern in Büchern über die Habsburg-Dynastie: »Das Buch ist doch ganz interessant. Natürlich würde ich lieber weggehen. Aber ich muß doch am nächsten Tag früh raus, um zu waschen. Und überhaupt: Wenn ich weggehe, dann gebe ich wieder so viel Geld aus.« Man muß sich das vorstellen: Samstag Abend! Wen man unter 30 in Europa an diesem Abend zu Hause antrifft, der ist entweder in einer festen Beziehung, muß sich auf eine Prüfung vorbereiten oder ist erkältet. Aber eine alleinstehende, gutaussehende Sekretärin? Am Schluß ist Akiko 40 und hat das Gefühl, etwas verpaßt zu haben.

Der Vorschlag, die Yamanote-Linie 24 Stunden fahren zu lassen, wurde schließlich verworfen. Sicher hatten die Taxifahrer opponiert. Offizieller Grund war aber die Befürchtung, daß die Geschäftsleute, die bei ihren Trinkgelagen nach der Arbeit ohnehin Mühe haben, ihren letzten Zug zu erreichen, dann gar keinen Grund mehr hätten, nach Hause zu fahren. Spaß hat eben keine Lobby in diesem Land.

Kein Wunder, daß es seltsam freudlos klingt, was Japaner in Umfragen als Lebensziel angeben: »Ich möchte, wenn ich alt werde, niemandem zur Last fallen.« Was ist das eigentlich für ein Quatsch? Da dreht sich beim europäischen Zuhörer der Magen um. Sind die krank oder schizophren oder beides? Wie kann man sich derart von der Einzigartigkeit des Ichs, den eigenen Wünschen und dem eigenen Begehren entfernen, daß man einen so verkrampften Lebenssinn angibt? Aber Japaner wirken ja auch oft freudlos, fremdbestimmt oder einfach uncool. Hält man ihnen das urjapanische Sprichwort »yoku manabi, yoku asobe« (»Viel studieren und viel Spaß haben gehören zusammen«) vor, um sie zu ein bißchen mehr Relaxtheit zu animieren, lächeln sie so gequält, als hätten sie eine schon längst überwunden geglaubte Affäre aus ihrer Jugend getroffen.

Die meisten Japaner sind also echte Stümper in Sachen Spaß haben. Da verwundert es nicht, daß das, was die Japaner Freizeit-»Vergnügungen« nennen, auf uns unglaublich lau wirkt, wie reine Verschwendung der Zeit, in der man echten Spaß haben könnte. In Spielhallen ist ein Spiel schon seit einiger Zeit der absolute Hit: »Lokführer auf der Yamanote-Bahn Linie«. Auf dem Bildschirm ziehen die eintönigen Gleise und die metropolitan einförmige Umgebung Tokios vorbei. Gegenverkehr gibt es nicht, lenken kann man einen Zug bekanntermaßen auch nicht. Gesteuert wird über zwei Hebel, wie am Original-Schaltpult für die zwei Tätigkeitsfelder, Beschleunigen und Bremsen. Die einzige Aufgabe ist es, sekundengenau nach Fahrplan und metergenau in die virtuellen Bahnhöfe einzufahren. Ausgerechnet für ein Spiel, das Spaß machen soll, konnten sie sich als Vorbild keinen langweiligeren Job als den des Lokführers auf der Yamanote aussuchen: Fahren, schalten, bremsen. Immer im Kreis herum, jede Minute eine Station. An genau zwei verschiedenen Hebeln ziehen. Auf der breiten Führerkonsole befinden sich zwei Anzeigen und die zwei Hebel. Sonst nichts. Keine Getränke, keine Bild-Zeitung, und wenn manchmal ein Kollege daneben sitzt, dann scheinen sie nicht miteinander reden zu dürfen. Die ganze Führerkabine ist grün lackiert. Menschen und Ratten werden in psychologischen Tests in leere, ähnlich reizarme Zimmer gesetzt, in denen sie nach einer Weile weiße Frauen sehen oder die Besinnung verlieren. Der japanische Zugführer ist zum Glück ein Roboter und immun gegen menschliche Schwächen. Wenn er den Zug zum Halten gebracht hat, sitzt er in seiner Fantasie-uniform mit Käppi, weißem Hemd, Krawatte und weißen Hand-schuhen ausstaffiert wie eine Puppe mit verschränkten Händen aufrecht auf seinem Stühlchen und starrt stockstarr vor sich hin. Dabei hätte er an großen Bahnhöfen mit Haltezeiten von bis zu zwei Minuten wie Shibuya oder Shinjuku durchaus Zeit, kurz einen Schluck zu trinken. Aber nicht mal strecken scheint er sich zu dürfen. Der Zugführer ist auf dem Prüfstand, neun Stunden am Tag, fünf Tage in der Woche. Hinter ihm stehen nämlich die Fahrgäste und können ihn sehen. Seine Kabine ist nur durch Glasfenster von der Passagierkabine abgetrennt. So können die Passagiere den Weg des Zugs in die Tunnels und Bahnhöfe hinein beobachten, wenn sie nichts anderes zu tun haben. Und da bekommt man eben manchmal Lust, in Spielhallen diese lang-weilige Situation auch noch nachzuspielen. Die strikten

Vorschriften, die den Lokführer in eine unmenschlich erniedri-gende Haltung pressen, verwandeln sich nach außen hin in einen coolen Ausdruck seiner Selbstbeherrschung. So sitzen auch die virtuellen Lokführer in der Spielhalle meist total korrekt und auf-recht vor der Konsole. Wenn der Lokführerjob so aufregend ist, daß das Yamanote-Spiel zu einem der Spielhallen-Renner im letzten Jahr avancierte, wie eintönig müssen dann erst die Jobs der Leute sein, deren Adrenalinspiegel schon in der Rolle des vir-tuellen S-Bahn-Führers steigt?

Das Lokführer-Spiel ist ein würdiger Neuzugang unter den japa-nischen »Spaßfaktor Null«-Klassikern. Ein etablierterer Bruder ist das auch in Deutschland bekannte Karaoke-Singen. Bei Karaoke wird ein bekannter Hit in Instrumentalversion gespielt, und man singt den Text dazu mehr schlecht als recht von einem Bildschirm ab. Karaoke kam über Amerika nach Europa, ist aber total ge-floppt. Warum auch soll man singen, wenn man trinken und tan-zen will, warum soll man den Hit vom musikalisch unbegabten Freund gekrächzt ertragen, wenn er einem in der Originalversion viel besser gefällt? Dieses Geheimnis verstehen nur die Japaner, die es nicht besser kennen. Noch jeder Japaner, der länger im (europäischen) Ausland war, war danach von Karaoke geheilt und haßte es so inbrünstig wie ein Europäer. Dagegen sind Japaner ohne Auslandserfahrung immer erstaunt, daß Karaoke so wenig Erfolg in Europa hat, obwohl es doch jeder Europäer kennt. Karaoke hat in Japan noch einen zusätzlichen Reiz, der überhaupt nichts mit der sterbenslangweiligen »wir singen nacheinander ein Lied«-Pflichtübung zu tun hat. Der Reiz hängt viel mehr mit dem Ort zusammen, an dem Karaoke stattfindet. Das sind kleine, abgedunkelte, abgeschiedene Zimmer mit Plüschsofas und Schummerlicht, die selbstkritisch »Karaoke-Box« heißen. Oft sind Cocktails in unbegrenzter Menge im Box-Mietpreis inbegriffen, und die Karaokeanlage mit ihrem Fernseher steht unbeachtet in der Ecke. Die Einladung »Laß uns zu Karaoke gehen« ist in Japan, falls die Teilnehmerzahl aus zwei Personen unterschiedlichen Geschlechts besteht, fast genauso deutlich und unmißverständlich wie das deutsche Äquivalent »Gehen wir zu dir oder zu mir«. Das steht nämlich außer Diskussion, weil fast alle bis zur Heirat bei ihren Eltern wohnen. Aber auch ohne intime Absichten sind Karaoke-Boxen ein beliebter Ort für Freundinnen und Freunde, um in Ruhe ungestört klönen oder einfach unter sich sein zu können – ohne im Land der kleinen Wohnungen, wo alle mit ihren Eltern oder dem Ehepartner zusammenleben, anderen auf den Wecker zu fallen oder deren Kontrolle zu unterliegen. Da verwundert es kaum, daß in den japanischen Fernsehserien die großen Aussprachen oft in Karaoke-Boxen stattfinden. Auch wenn diese Zusatzaspekte das Karaoke-Wesen verständlicher machen, werden die meisten Karaoke-Boxen immer noch von lauten, lärmenden Gruppen von Geschäftskollegen oder Erstsemestern besetzt, wo einem nach dem anderen demokratisch das Mikrofon gereicht wird und stundenlang schlechtem Gesang gelauscht und auch noch applaudiert werden muß.

Den optischen Kontrast zu den abgedunkelten Karaoke-Boxen bieten die neongrell erleuchteten Pachinko-Spielhallen. Hunderte von Modellen einer einzigen Sorte Spielautomat, eben dieses Pachinko-Automaten, sind in nervtötend monotonen Reihen aufgestellt. Die einzige visuelle Auflockerung besteht gelegentlich in ein paar Plastikblumen im Schaufenster. Man wirft stundenlang Kugeln von oben in ein senkrecht aufgestelltes Nagelbrett und wartet darauf, daß sie per Zufall unten in einen Gewinnschacht fallen. Das war bereits die Spielregel. Dutzende von Hausfrauen und Rentnern sitzen da nebeneinander, jeder und jede mit einem Korb voller Kugeln. In Abständen von fünfzehn Sekunden greifen sie wie am Fließband in ihren Korb, um weitere Kugeln in den Schacht zu schmeißen. Dann bleibt nur noch warten. Keine Möglichkeit der Beeinflussung durch Stop- oder andere Tasten wie bei Spielautomaten oder gar durch die eigene Geschicklichkeit wie bei Flippergeräten. Zwar blinken bei Pachinko viele Lämpchen, und in der Mitte gibt es neuerdings auch einen kleinen Bildschirm, auf dem Comicstrips laufen, aber die Eigenbeteiligung ist seit der Erfindung dieses Spiels (nach dem Krieg) gleich geblieben: Man wirft ein, wartet und wirft wieder ein. Sonst nichts. Der Gewinnanreiz macht viele Japaner tatsächlich Pachinko-süchtig. Das ganze Land schockierte im Sommer 1998 der Fall einer pachinkosüchtigen Hausfrau. Im Spielfieber nahm sie ihre kleinen Kinder mit dem Auto mit zur nächsten Pachinko-Halle. Sie stellte das Auto auf dem Parkplatz in direkter Sonneneinstrahlung ab und aktivierte die Kindersicherung von außen. Vor lauter Spielen vergaß sie die Kleinen. Die konnten der stundenlangen Hitze im Inneren des Autos nicht entfliehen und fanden den Erstickungstod. Aber selbst zur Sucht gehört auch ein anfängliches Interesse an der Sache an sich, eine Freude am Spiel. Wo diese bei Pachinko liegt, wird wohl kein Ausländer je verstehen.

Fröhliche, ausgelassene Privatparties scheinen vor dem Hintergrund von Lokführer-Spiel, Karaoke und Pachinko auch für den normalen Japaner einfach unvorstellbar. Und tatsächlich sind Parties in Privathäusern in diesem Land so selten zu finden wie Bier, das weniger als einen Euro die Dose kostet. Noch nie bin ich von einem Japaner zu einer Party bei sich zu Hause eingeladen worden. Noch nie hat irgendein Japaner, den ich kenne, überhaupt eine veranstaltet. Oft wird in japanischen Mietverträgen »Feiern« (und nicht etwa nur »Lärm«) sogar expressis verbis verboten. Warum machen sie keine Parties? Die Wohnungen sind zwar meist winzig, aber ›je enger, desto gemütlicher‹, denkt man. Eine Party wird schlicht als Lärmbelästigung empfunden. Bei dem Lärmschwall, den man im Alltag stoisch erträgt, wirkt dieses Argument wie ein Kampf gegen die Maus, während der Elefant trampelnd danebensteht.

Auch Japaner verstehen das Bedürfnis, beisammen zu sein um des Beisammenseins willen. Aber sie verstehen nicht, daß das Beisammensein auch da stattfinden muß, wo die Leute wohnen, also in einer persönlichen, heimeligen Atmosphäre. Die Ausländer können gefälligst genauso in neonerleuchtete Großkneipen gehen, in denen man an Plastiktischen von schlecht gelaunten Kellnern Bier zu überhöhten Preisen serviert bekommt, wie es alle Japaner tun. Oder in Karaoke-Boxen, um vom Bildschirm den Text zu »Happy Birthday« abzusingen. So können Ausländer bei ihren Parties den Besuch von zusätzlichen Gästen in Uniform so sicher einplanen wie das Amen in der Kirche. Nicht, daß die Nachbarn der Lärm wirklich am Schlaf hindern würde. Die wenigen Parties enden sowieso meist äußerst früh, weil alle den letzten Zug erreichen möchten. »Party« ist einfach ein so ungewöhnliches, also unverständliches Ereignis, daß man eine höhere Macht (=Polizei) zur Erklärung anrufen muß.

Das Fehlen von Parties als gravierenden Nachteil Japans zu bezeichnen, mag dekadent erscheinen. Aber wie so oft wird einem erst klar, was man an bestimmten Dingen hatte, wenn sie einem fehlen …

Schlafen
Bett? Nein danke!

Sie stellen sich auf »Off«.
Im Schlaf vereint: Schüler, Studenten und Professoren.
Malaysia Airlines ist den Japanern sehr dankbar.
Schlafen oder doch flirten?

Tetsu, 19, Jurastudent, ist nicht auf Drogen, aber er schläft drei Tage hintereinander nicht, wenn er Party macht. Masako, 17, Gymnasiastin, schläft nachts im Durchschnitt nur drei Stunden. Mayumi, 20, Medizinstudentin, braucht nie mehr als vier. Keine Einzelfälle: Wenn ich Japaner nach ihrem nächtlichen Schlafpensum befrage, beschleicht mich immer das Gefühl, daß meine acht Stunden pro Nacht verweichlichter Luxus sind. Kein Wunder, daß der Westen in einer Krise steckt – wir schlafen einfach zuviel.

Wenn ich wenig schlafe, bin ich zwar gereizt, aber gleichzeitig bin ich oft entschlossener in meinen Entscheidungen, rücksichtsloser gegenüber den vielen »Ja, aber« in mir selbst. Ich kann mich wie einen Roboter steuern. Ist es etwa so, daß die Japaner den häufigen Eindruck ihrer unmenschlichen, ferngesteuerten »Roboterhaftigkeit« tatsächlich bewußt durch Schlafentzug erzeugen? Dann wären sie also nicht verrückt, sondern im Gegenteil effektiv bis in den Schlaf. Aber natürlich lügen sie uns wieder in die Tasche, uns, die wir unsere acht Stunden brav zugeben. Sie schlafen wenig in der Nacht, aber haben dafür die von allen Ausländern bewunderte Fähigkeit, tagsüber an jedem beliebigen Ort zu schlafen – wie Mr. Data, der Android aus »Raumschiff Enterprise«, bei dem man nur einen Schalter umlegen muß, um ihn auf »Off« zu stellen.

In Nah- wie Fernzügen sitzen zu jeder Tageszeit Leute, die schlafen oder zumindest so tun. Wenn ich nachmittags oder abends von Tokio nach Tsukuba mit dem Vorortbus unterwegs bin, schlafen außer mir und dem Busfahrer alle; dabei beträgt die Fahrzeit kaum eine Stunde. Japaner steigen ein, setzen sich und fallen in Tiefschlaf. Ich beneide sie darum. Selbst im Flugzeug kann ich nämlich nur schwer schlafen, ganz im Gegensatz zu den meisten japanischen Passagieren. Nach Südostasien fliegt man von Tokio aus über sechs Stunden. Die Zeit reicht leicht, um zwei Filme zu zeigen, und zwei Filme sind auch im Programmheft angekündigt. Aber sowohl bei »Malaysia Airlines« als auch bei »Thai Airways« wurde nach dem ersten Film einfach der Projektor ausgeschaltet. Drei Stunden saß ich so in der abgedunkelten Kabine ohne irgendwelche Unterhaltung zwischen lauter schnarchenden Japanern eingeklemmt. Aber warum auch sollten die Fluggesellschaften unnötige Lizenzgebühren zahlen, wenn alle schlafen und sowieso niemand den Film schauen will außer einem unruhigen Passagier aus Deutschland?

Eine Japanerin aus Kobe hat mich dann bei meinem Urlaub auf einer thailändischen Insel, auf der man sich statt in Bussen auf der Ladefläche umgebauter Lieferwagen über ungeteerte Straßen hinwegbewegt, schwer beeindruckt. Gleichzeitig mit mir stieg sie ein, setzte sich auf die Holzbank und war in zehn Sekunden eingenickt, ungestört von 50 Zentimeter tiefen Schlaglöchern.

Der Massenschlaf ist wohl nicht ein Zeichen der Erschöpfung durch die Megalopolis. Pendler planen sicher von vornherein die Zeit in Zug oder Bus in ihre Schlafkalkulation ein. Wenn man jeden Tag drei Stunden in öffentlichen Verkehrsmitteln verbringt, kann man diese schließlich auch sinnvoll nutzen. Nur eine solche Planung erklärt eine weitere geheimnisvolle Fähigkeit der Japaner: Sie schaffen es immer genau an ihrer Aussteigestation aufzuwachen. Die Station wird kurz vorher durchgesagt. Sie schlafen noch. Die Türen öffnen sich. Aus dem Lautsprecher auf dem Bahnsteig ertönt laut der Name der Station. Fünf Sekunden bevor sich die Türen wieder schließen, durchzuckt ein Zittern den Schläfer, er wacht ruckartig auf, greift im Halbschlaf automatisch nach seiner Tasche auf der Ablage über seinem Kopf, springt auf und hastet gerade noch aus der Tür, bevor sie zugeht. Wir Europäer sind auch darum neidisch, denn wenn wir es schon mal schaffen, im Zug einzuschlafen, dann richtig. Wir verschlafen fast immer und werden erst an der Endstation weit draußen auf dem Land von einer mitleidigen Bäuerin geweckt.

Gern lehnen sich die Japaner zum Schlafen mit dem Kopf auf die Schulter des unbekannten Sitznachbarn – angenehm, wenn sich eine junge Frau ankuschelt, nicht so angenehm, wenn es sich um einen besoffenen Geschäftsmann handelt, der dauernd Bäuerchen macht. Für die sonst so körperkontaktscheuen Japaner zählt hier das Prinzip der Gegenseitigkeit: Das nächste Mal, wenn ich selbst einschlafe, will auch ich ein weiches Ruhekissen haben.

Schüler und Studenten kalkulieren Schlafzeit sogar für den Unterricht ein. Das scheint uns ungeheuerlich und würde auf jeden Fall ein abruptes Wecken durch den Lehrer, wenn nicht einen blauen Brief nach sich ziehen. Aber in einer japanischen Schulklasse ist es ganz normal, daß einige Schüler schlafen. Ein Freund aus Berlin, der für ein Jahr als Austauschschüler auf ein Elite-Gymnasium in Tokios Vorortprovinz Saitama ging, meinte, durchschnittlich würden drei oder vier der 45 Schüler in seiner Klasse schlafen. Nachdem er sich am Anfang noch zurückgehalten hatte, sah er später nicht mehr ein, warum er zumindest Geschichts- und Sozialkundeklassen, bei denen er sowieso kein Wort verstand, nicht effektiver nutzen sollte, und erhöhte den Durchschnitt um eins. Die Lehrer lassen die müden Kinder meist schlafen. Selbst an den Berufsfachschulen scheint es nicht anders zu sein, obwohl die Schüler freiwillig hierher kommen, um sich in einem bestimmten Fach fortzubilden. Aber die Macht der Gewohnheit siegt auch hier: »Bei wirklich sterbenslangweiligem Unterricht schlafen 60 bis 70 Prozent von allen. Aber das darf dem Lehrer nichts ausmachen. Denn wir wären wach, wenn er sich engagieren würde. Wenn er sich nicht anstrengt, dann müssen wir uns auch nicht anstrengen.« erzählt Yuri, 21, die eine Ausbildung als MTA macht.

An den Unis ist es noch auffälliger: In den Vorlesungen morgens schläft jeder Vierte. Selbst nachmittags liegen sie laut schnarchend über dem Tisch. In kleinen Diskussionsgruppen von zehn Teilnehmern, in denen sich alle beim Namen kennen, empfand ich so ein Verhalten als absolut unhöflich gegenüber dem Referenten, der meist sogar selbst ein Mitstudent ist. Während die Schüler aber im Unterricht erscheinen müssen, könnten die Studenten doch einfach zu Hause bleiben. Schließlich schläft es sich doch besser im eigenen Bett oder Futon als vornübergebeugt auf einem Holzbrett, oder?

Das regelhafte Massenschlafen in den Unis zeigt, wie unmündig die jungen Japaner sind, ihre eigenen Wünsche und Pflichten zu ordnen. Sie stehen auf, weil das Seminar auf ihrem Plan steht, schleppen sich in die Uni und schlafen weiter. Viele geben freimütig zu, daß sie das Prüfungswissen ausschließlich aus dem Begleitbuch (und nicht aus eigenen Notizen) lernen. Dieses Lernen findet dann tief in der Nacht statt, weswegen sie am nächsten Morgen wieder müde sind. Sie schaffen es nicht, einen Schritt weiterzudenken und entweder ein paar wirksame Aufputschmittel zu nehmen, um bewußt vom Seminar zu profitieren (in Deutschland steht morgens vor jedem zweiten Studenten ein Kaffeebecher) oder zumindest zugunsten eines gesunden Schlafs zu schwänzen.

Die Professoren allerdings sind auch kein Vorbild. Der mündliche Teil meiner Eintrittsprüfung an der Kaiserlichen Universität Tokio sollte entscheiden, ob ich in den Doktorkurs dieser angesehensten aller japanischen Universitäten aufgenommen werde. Zitternd und mit Schweißhänden betrat ich den Prüfungsraum. Alle 15 Lehrkörper des Fachbereichs waren anwesend – aber die Hälfte im Tiefschlaf. Der Kopf des einen Professors war auf die Schulter gesackt. Ein anderer schlummerte mit dem Oberkörper auf der Zusammenfassung meines Referats ein, kaum daß ich es ausgeteilt hatte. Diese »Reaktion« auf meinen Vortrag konnte ich nur als absolutes Desinteresse deuten. Daß ich schließlich durchfiel, will ich nicht auf die frustrierende, entmutigende Atmosphäre schieben. Vielleicht war mein Vortrag wirklich schlecht, aber ich würde schon gerne wissen, wie viele Professoren überhaupt mitbekommen hatten, daß ich schlecht war.

Menschen verbringen ein Drittel ihres Lebens mit Schlafen – aber niemand behandelt diese 33 Prozent so stiefmütterlich wie die Japaner. Hier geht man nicht schlafen, sondern der Schlaf kommt über einen. Bezeichnenderweise kann man auf Japanisch auch nicht »zu Bett gehen« sagen, wenn man »schlafen gehen« meint (wie auf Deutsch oder Englisch – »to go to bed«). Vielleicht, weil das so selten im Bett stattfindet. Am Anfang beging ich den Fauxpas, den deutschen Ausdruck wörtlich ins Japanische zu übersetzen. Meine neuen japanischen Bekannten schauten jedes Mal pikiert, wenn ich zu ihnen »Laßt uns langsam zu Bett gehen« sagte. Erst später verstand ich, daß es für sie »Laßt uns endlich Sex haben« bedeutet hatte.

Fast jedes wissenschaftliche Institut hat irgendwo ein Sofa stehen – für den Schlaf zwischendurch. Neulich beim Frisör hat mein Nachbar geschlafen. Der Friseur weckte den Kunden nicht nur nicht, sondern setzte auch alles daran, ihn ja nicht im Schlaf zu stören. So nahm er bei jeder nötigen Kopfdrehung dessen Kopf sanft in beide Hände und bewegte ihn langsam in die gewünschte Position. Der Schlaf des Kunden ist eben heilig.

Das Schlafen durchdringt den Wach-Alltag schließlich so sehr, daß es auch als »weiße Lüge« taugt. Das muß man leidvoll in der Bahn feststellen. Das Unterhaltsamste am Zugfahren ist sicher, andere Leute zu beobachten. Manchmal wird aus dem Beobachten auch der Versuch, mit den Augen Kontakt zu suchen. Als exotisch aussehende Ausländer ziehen auch wir viele Blicke auf uns, aber leider wird aus dem Blickflirt nichts. Das Gegenüber schaut nicht weg, sondern macht die Augen zu und tut so, als ob es schläft. Ein Test beweist es. Wenn man einfach unverwandt zurückschaut, sobald man merkt, daß man angestarrt wird, wird spätestens die dritte Japanerin müde werden, die Augen schließen und einen Schlummer vortäuschen. Das ist feige, und sie verderben uns und sich selbst den Spaß.

Japaner verpennen ihre Flirtchancen im wahren Sinne des Wortes. In keinem anderen Land trifft man nachts in den Clubs so viele Gäste, die schlafen, selbst in den unbequemsten Positionen, zum Beispiel auf Barhockern. Warum kommen sie dann überhaupt? Weil sie nie ihren Freunden oder Freundinnen absagen würden, nur weil sie müde sind. Man hat den Eindruck, daß sie regelrecht erleichtert sind: Nach all den Kneipen endlich an einem Ort, an dem man mit niemandem mehr Konversation betreiben muß, an dem es dunkel ist und wo außerdem oft noch bequeme Sofas zur Verfügung stehen. Daß sie zu Hause auch so einen Ort namens »Bett« vorfinden könnten, der keine 3.000 Yen Eintritt kostet, haben die meisten wohl schon vergessen. Selbst frisch gebackene Pärchen liegen da schnarchend nebeneinander auf den Sesseln. Da hat man sich in den Club geschleift, mit letzter Kraft gebaggert und dann folgt mit dem neuen Partner erst einmal eine gemeinsame, gesunde Runde Schlaf.

SCHLAFEN

Diebstahl
Mein Geld, dein Geld – Geld ist für uns alle da

High-Tech verursacht Diebstahl, aber klärt ihn auch auf.
Warum Geld soviel mit Sex zu tun hat.
Angestellte des Studentenwerks stellen sich als
Profis im Synchronschwimmen heraus.
Wie ich zum Richter über Leben und Tod wurde.

Freitag, 14. Mai 1999. Die gesamte deutsche Gemeinde von Tokio ist heute abend zur alljährlichen Gartenparty in der Residenz des deutschen Botschafters geladen. Da darf ich natürlich auf keinen Fall fehlen. Um meinen Geist und Körper vor dem großen Ereignis noch einmal zu erfrischen, gehe ich ins Schwimmbad meiner Universität. Ich komme ins Sportzentrum und schließe meinen Geldbeutel, mein Handy und meinen Schlüssel in dem High-Tech-Schließfach am Eingang ein. Natürlich können Schließfächer an einer Spitzen-Technik-Uni in Japan keine profanen Schlüssel haben. Nach der Eingabe einer selbsterdachten vierstelligen Geheimnummer wird das gewählte Fach vielmehr vom Computer automatisch abgesperrt. Um es später zu öffnen, muß man die Geheimnummer erneut eingeben.

In der Umkleidekabine stelle ich fest, daß ich die Badekappe in meinem Institut vergessen habe. Also noch mal zurück ins Institut, wieder ans Schließfach, wo ich die Geheimnummer eingebe, um meine Wertsachen mitzunehmen. Ich überlege mir, daß ich eigentlich nur den Schlüssel für mein Institutszimmer brauche, gebe noch einmal die Geheimnummer ein, lege Geldbeutel und Handy zurück und eile zum Institut. Nun nahm das Drama seinen Lauf. Der Computer hatte das Fach bei der letzten Eingabe der Geheimnummer wieder geschlossen. Denn nachdem ich meine Sachen zum ersten Mal entnommen hatte, war der Zustand des Faches für den Computer »leer«, frei für den nächsten Benutzer. Daß ich ein paar Sekunden danach das Fach wieder durch die gleiche Geheimnummer versperrte, bedeutete für den

Computer, daß ein neuer Benutzer das Fach zufällig mit der gleichen Nummer belegt hatte.

Sind die technischen Details zu verworren? Für mich waren sie das in diesem Augenblick allemal, vielmehr dachte ich überhaupt nicht über sie nach. Auf jeden Fall kam ich zurück, mit der Bademütze, gab die Geheimnummer wieder ein und legte meinen Schlüssel in das Fach zu Geldbeutel und Handy. Ich dachte, das Fach sei nun verschlossen, und ging schwimmen. Der Computer dagegen dachte, aus welchem Grund auch immer, das Fach sei nun leer, und gab es frei für den nächsten Benutzer.

Als ich nach über einer Stunde erfrischt aus dem Bad komme, gebe ich noch einmal die Geheimnummer ein: Im Fach sind mein Handy und mein Schlüssel, aber kein Geldbeutel. Ich zweifle erst einmal an mir selbst, denke, in meiner Aufregung hätte ich vielleicht den Geldbeutel mit in die Umkleidekabine genommen oder auf die Schließfächer gelegt. Nicht nur 20.000 Yen in bar, meine ganzen Kreditkarten, meine Monatskarte, meine Ausländerkarte, mein Studentenausweis und schließlich die 5.000 Yen teure Eintrittskarte zur Botschaftsparty – alles weg. Ich rase wie verrückt minutenlang durch das Sportzentrum, bis der Pförtner auf mich zutritt und mich fragt, was los sei. Kaum habe ich ihm die Geschichte erzählt, verständigt er schon die Leute im Studentenwerk und auch die Polizei. Dann teilt er mir die rettende Botschaft mit: Im Sportzentrum sind Kameras angebracht, fünf Stück, gut verteilt. Eine Einrichtung, die ich normalerweise als technik- oder kontrollbesessen auf den Arm nehmen würde. Alles wird auf Video aufgezeichnet, auch der Eingangsbereich mit den Schließfächern.

Mittlerweile ist die Polizei da, drei Mann vom Diebstahlsdezernat aus dem benachbarten Denenchofu und zwei Leute vom Studentenwerk. Sieben Mann drängen sich nun in der engen Pförtnerloge und schauen das Video an. Nachdem ich auf dem Bildschirm in Richtung Umkleide verschwunden bin, passiert eine halbe Stunde lang zunächst nichts. Aber dann kommt der Dieb ins Bild, jung, ein Student, wahrscheinlich erst im ersten Jahr. Er sucht ein freies Fach, um seinen eigenen Geldbeutel aufzubewahren, und wählt ausgerechnet das Fach, in dem meine Sachen liegen, weil das Lämpchen »nicht belegt« brennt. Ahnungslos gibt er seinen eigenen Code ein, um es zu öffnen, schaut hinein, ist überrascht, daß schon etwas drinnen liegt, schließt es sofort wieder, ohne etwas herauszunehmen oder hineinzulegen, und geht ins Sportzentrum. Nur fünf Minuten später taucht er wieder auf dem Bildschirm auf. Lungert herum. Legt sich vor lauter Aufregung schließlich wie ein Achtjähriger achtlos auf den drekkigen Boden am Eingang (die Schuhe dennoch korrekt ausgezogen). Er scheint auf etwas zu warten. Aber immer wieder tauchen andere Leute auf. Mädchen kommen vorbei, drei Mädchen hintereinander, und trotz seines unreifen Erscheinungsbildes wollen sie mit ihm reden, mit diesem Miststück, selbst auf dem Video erkennt man noch, wie sie bei jedem seiner Worte dahinschmelzen. Mein Dieb ist einer dieser selbstherrlichen japanischen Prinzen, die für Frauen keinen Finger rühren müssen, weil sie zufällig aussehen wie der Star aus der gerade beliebten Fernsehserie XY. Ich hasse diesen Typus: Sie haben gelernt, daß sie sich alle Frauen nehmen können, die sie wollen, egal wie rücksichtslos sie sich selbst benehmen. Und das lernen sie bereits mit 13, 14 Jahren, in einem Alter, in dem ich pickelig und mit null Selbstbewußtsein gerade mal in den Tanzkurs getrottet bin. Und Geld gegenüber haben sie wohl die gleiche Moral wie gegenüber Frauen: Sie wollen Geld, also nehmen sie es sich, erst recht, wenn es in einem unbeaufsichtigten Geldbeutel steckt. Gewissenlosigkeit wird belohnt. Wahrscheinlich verführt der Dieb von meinem Geld gerade im Liebeshotel eine der drei Frauen.

Aber diesmal kommt die Rache, mein Freund. Gerade ist im Video der letzte Mensch aus der Tür verschwunden, der Dieb schaut sich um, geht zum Fach, und greift sich – deutlichst im Bild – schnell meinen Geldbeutel, den er gleich in der Hose verschwinden läßt. Danach geht er seelenruhig zurück ins Sportzentrum – schließlich ist neuer Reichtum oder eine gerade begangene Straftat noch lange kein Grund, auf den gemeinsamen Aikido-Spaß mit den Kumpels zu verzichten. Aber deine Unverfrorenheit ist gerade von sieben Augenpaaren beobachtet worden, Dieb! Die Polizei nimmt das Video an sich, sichert sogar die Fingerabdrücke von den Gegenständen, die er berührt hat und läßt mich die Banken anrufen, um meine Karten zu sperren, falls er schon versucht hat, auch an mein Kontogeld zu kommen.

Mittlerweile sind über drei Stunden vergangen. Die Botschafts-Party hat längst angefangen, aber ich hätte sowieso keine Eintrittskarte mehr gehabt. Ich habe nichts mehr, keinen Pfennig, nicht mal um den Zug nach Hause zu nehmen. Mitleidig leiht mir der Kommissar aus seiner eigenen Tasche 5.000 Yen. Der Täter wird gefaßt, das ist klar wie Kloßbrühe. Die Polizei wird am Montag noch einmal in die Uni kommen und die Identität des Diebes feststellen. Trotzdem ist mein Abend verpfuscht.

Wie viele von diesen Mistkerlen kommen ungeschoren davon, weil sie niemand auf Video aufnimmt? Wieso überhaupt muß ein Student einen Mitstudenten berauben (denn wem sonst soll ein Geldbeutel im Uni-Sportzentrum gehören)? Sie haben keine Moral und nehmen keine Rücksicht auf andere. Andere Menschen bedeuten nur materielle Vorteile, namentlich Geld oder Sex, oder sie bedeuten nichts. Denn sonst sind sie sich selbst genug, diese kleinen, gefühllosen Monster namens Japaner. Der Dieb beteuerte später mir und der Polizei gegenüber, es sei sein erstes Mal gewesen. Als ich das meinen japanischen Freunden erzählte, meinte jeder, das sei eine Lüge. »So einer hat auch schon im Gymnasium seine Mitschüler beraubt«, brach es aus einer japanischen Freundin heraus. Interessant war, daß sie und alle anderen, die die Geschichte hörten, sofort eine Schublade aufzogen, nämlich die des gewissenlosen, egoistischen Gymnasiasten, der über Leichen geht. Normalerweise wehren Japaner meine negativen Geschichten über Landsleute gerne mit dem »Der ist eine absolute Ausnahme«-Argument ab. Daß sie hier statt dessen alle ins gleiche Horn stießen, zeigt, wie sehr Diebstahl tatsächlich verbreitet sein muß.

Übers Wochenende hatte ich mich fast beruhigt. Ich ließ am Montag die restlichen Karten sperren und ging dann wie üblich ins Institut. Über meiner Arbeit hatte ich den ganzen Vorfall schon fast vergessen, als plötzlich gegen abend mein Handy klingelte. Es war eine mir völlig unbekannte Frau mit Nachnamen Murata, die mir sogleich erklärte, wie sie an meine Nummer kam: »Mein Sohn hat Ihren Geldbeutel gefunden und heute beim Studentenwerk abgegeben. Ihre Telefonnummer war auf Ihren Visitenkarten, also hab ich mir gedacht, ich rufe Sie auch direkt an, damit Sie sich keine Sorgen mehr machen. Er war gestern den ganzen Tag auf einer Grillparty. In der Zeit bin ich in sein Zimmer und habe seine Sporttasche durchgeschaut, weil ich die Schmutzwäsche für die Waschmaschine gesammelt habe. Plötzlich fällt mir Ihr Geldbeutel in die Hand. Ich sehe Ihre ganzen Ausweise und habe natürlich am Abend meinen Sohn sofort zur Rede gestellt. Er meinte, er habe den Geldbeutel am Freitag Abend im Sport-zentrum auf dem Boden gefunden und sich vorgenommen, ihn am Montag, wenn die Uni-Büros wieder offen sind, also heute, abzugeben. Ich schimpfte ihn: ›Was fällt dir ein! Das ist ein armer Ausländer‹ – das konnte ich ja an den Ausweisen erkennen – ›der jetzt wahrscheinlich schon das ganze Wochenende verzweifelt ist. Der hat es sowieso schwer genug. Und du läßt ihn so lange war-ten, ohne mir was zu sagen.‹« Eine schönes Märchen. Ich merkte

an ihrer Stimme, daß sie selber nicht ganz von ihrem Edelmut überzeugt war. Der Teil mit der mütterlichen Kontrolle des Zimmers in der Abwesenheit des 18jährigen Sohnes stimmt wahrscheinlich. Auch ohne den Vorwand »Schmutzwäsche« durchstöbern japanische Mütter gerne die Taschen, Geldbeutel und Schränke ihrer fast erwachsenen Kinder. Die restliche Diskussion lief allerdings in Wirklichkeit wohl so ab: »Hast du nicht mehr alle Tassen im Schrank? Du kannst doch nicht einfach anderen Leuten den Geldbeutel klauen! Und dann auch noch ausgerechnet einem Ausländer! Du weißt doch, wie unberechen-bar die sind, da gibt's bestimmt sofort Probleme!« Aber natürlich dachte sie, daß sie mit ihrer »Gefunden«-Version durchkommen würde. Sie hatte ja keine Ahnung von den Kameras. So ließ ich sie in dem Glauben, ich wollte meinen taktischen Vorteil nicht verspielen. Nur eine Frage hatte ich noch: »Wann hat er den Geldbeutel zurückgebracht?« »Gleich heute morgen, so gegen neun Uhr.« Ich bedankte mich nochmals und legte auf.

Inzwischen war es fünf Uhr nachmittags. Seit acht Stunden war der Geldbeutel wieder da, und weder die Polizei noch das Studentenwerk hatten es für nötig befunden, mich davon in Kenntnis zu setzen. Ich hätte es mir sparen können, meine Geld- und Kreditkarten zu sperren. Wie gut, daß ich nicht schon angefangen hatte, nutzlose Ersatzanträge für meine ganzen anderen Ausweise zu stellen. Aber klar, ich war ja bloß ein Student. An einer japanischen Uni sind die Studenten nur ein notwendiges Übel, das effektiv verwaltet werden muß, damit es möglichst wenig Probleme bereitet. Man vergißt fast, daß Unis für Studenten gebaut werden und nicht etwa als Arbeitsbeschaffungsmaßnahme für Bürohengste. Dabei finanzieren die Studenten mit den horrenden Studiengebühren die Gehälter der Bürohengste, der Professoren und noch der letzten Putzfrau an der Uni.

Nun hatte ich die Schnauze voll. Ich raste aus dem Institut zum fünf Minuten entfernten Studentenwerk. Natürlich waren sie alle noch da – kein Feierabend, solange der Chef nicht geht – und saßen in der gewohnten japanischen Büro-Hierarchie an ihren Tischen: Je weiter von dem Tresen entfernt, an dem die Bittsteller, also die Studenten, ihre Wünsche vortragen, desto höher der Status des Mitarbeiters. Ganz am anderen Ende des Raumes, am Fenster, thronte folglich der Chef vor seinem großen, leeren Schreibtisch.

Einer der Untergebenen, für den direkten Kontakt mit dem gemeinen Volk zuständig, näherte sich mir. Es war einer der beiden Mitarbeiter, die schon am Freitag an unserem geselligen Videoabend im Sportzentrum teilgenommen hatten. »Warum haben Sie mir nicht gesagt, daß der Geldbeutel zurückgebracht worden ist?«, fragte ich direkt heraus, nachdem er es offensichtlich nicht mal bei meinem Anblick für nötig erachtete, mir diese Information ungefragt zuteil werden zu lassen. Japanische Bürokraten reagieren auf Vorwürfe instinktiv mit Gegenvorwürfen oder Anweisungen, und dieser Wicht war da keine Ausnahme: »Sie haben überhaupt kein Recht, das zu erfahren. Wir haben den Geldbeutel sofort an die Polizei weitergeleitet. Die Polizei wird sich zu gegebener Zeit bei Ihnen melden. Bis dahin haben Sie gefälligst Geduld.« Das brachte das Faß endgültig zum Überlaufen. Da saßen die ganzen Vorgesetzten scheinheilig unbeteiligt über ihre Schreibarbeit gebeugt, weil kein Anliegen eines Studenten so wichtig sein kann, als daß es von der Tätigkeit des Strichmännchen-Malens ablenken könnte. Und dennoch spitzten sie immer wieder die Ohren, weil so ein Diebstahl, und dann noch eines Geldbeutels eines Ausländers, der fließend Japanisch spricht und doch anscheinend gar keinen Respekt vor Regeln hat, wohl prickelnde Abwechslung in den so langweiligen Verwaltungsalltag bringt. Ich sagte, nein, dieses Mal schrie ich: »Was fällt Ihnen ein! Ich bin das Opfer, ich, nicht Sie! Mir ist der Geldbeutel gestohlen worden. Ich habe ein schreckliches Wochenende verbracht. Ich habe heute meine Karten sperren lassen müssen. Das hat mich Zeit gekostet und wird mich Geld kosten. Das hätte ich mir sparen können, hätte ich es gewußt. Aber für Sie ist das ganze nur eine Verwaltungsangelegenheit, in der ich, das Opfer, auch noch störe. Was denken Sie sich eigentlich? Seit acht Stunden wissen Sie, daß der Geldbeutel wieder da ist und halten es nicht für nötig, es dem Besitzer mitzuteilen. Wann ruft mich die Polizei denn an, morgen, übermorgen? Wenn die genauso denken wie Sie hier, kann ich wahrscheinlich noch einen Monat warten!« Einer der Untergebenen wollte etwas erwidern, aber mein Blick fiel auf den Chef, der ganz hinten immer noch demonstrativ zum Fenster hinausschaute, obwohl ich natürlich bereits zum Super-Gau geworden war. Alles war mir egal, ich fixierte den Chef und brüllte ihm zu: »Sie, ja, Sie Chef da hinten, Sie brauchen gar nicht so wegzuschauen. Sie haben genauso viel Verantwortung wie Ihre Untergebenen. Sie haben hier alle überhaupt kein Gefühl für die Studenten, nur für Ihre Regeln. Sie sind so Scheiße!«

Danach folgte ein großes Loch des Schweigens. Aber wenn der Widerstand zu groß ist, dann bricht der japanische Bambus nicht, er biegt sich. Endlich trat – nicht der Chef selbst, aber einer der weiter hinten Sitzenden vor an den Tresen. Plötzlich und unvermittelt verbeugten er und mein voriger Ansprechpartner sich tief, fast im rechten Winkel und meinten gleichzeitig und mit steifer Stimme: »Wir haben uns wirklich schlecht verhalten. Bitte akzeptieren Sie unsere tiefe Entschuldigung.« Diese plötzliche Aktion wirkte fast wie von Synchronschwimmern eingeübt. Das war so irreal, daß ich auf einmal laut lachen mußte. Natürlich erntete ich dafür erst recht konsternierte Blicke, aber die waren in meiner Satisfaktion inbegriffen. Sie hatten sich entschuldigt, immerhin, in aller Form, mit der 90-Grad-Verbeugung nämlich, die im formalisierten Verhaltenskodex der Japaner eine wirklich große Schuld eingesteht. Und das vor einem verachtenswerten Studenten! Ich bat um die Nummer der Polizei, spazierte zurück ins Institut und rief von dort an. Man bat mich, ins Präsidium zu kommen, um ein Protokoll zu unterschreiben.

Am übernächsten Tag, dem Mittwoch, fuhr ich ins Polizeipräsidium. Ein Mitarbeiter des Kommissars ließ mich ausgerechnet in dem winzigen, fensterlosen Raum neben dem Büro Platz nehmen, der in japanischen Fernsehkrimis für Verhöre genutzt wird. Nach einer Weile kam er mit meinem Geldbeutel zurück und bat mich, nachzuschauen, ob etwas fehle. Die Ausweise waren alle da, aber beim Bargeld fehlten 10.000 Yen. Als ich auf das fehlende Geld hinwies, wollte der Polizist mir zunächst nicht glauben. Er meinte, wenn es der Dieb gewesen sei, der den Geldbeutel zurückgebracht habe, dann hätte er wohl auch den Geldbetrag wieder ergänzt. Ich dachte im Stillen nur: Liebeshotel. Laut hakte ich nach: »Also war der Student, der den Geldbeutel beim Studentenwerk abgeliefert hat, tatsächlich der, den wir auf dem Video gesehen haben?« und streckte meinen Kopf aus, um die Kopie des Studentenausweises des Täters zu sehen, die das Studentenwerk offenbar mit dem Geldbeutel an die Polizei weitergereicht hatte. Aber sofort hatte der Polizist seine Hand drauf: »Das dürfen Sie nicht sehen.« Und weiter: »Wir haben ihn noch nicht eindeutig identifiziert.«

Da kam der Kommissar selbst herein. Nachdem ich ihm seine 5.000 Yen zurückgegeben hatte, fragte ich ihn, was nun geschehen werde. Er meinte abwiegelnd: »Ja, wir müssen erst einmal sicher gehen, daß es der Student war.« Ich deutete anklagend auf das Paßfoto vom Studentenausweis, der wieder frei dalag: »Da gibt es doch keinen Zweifel, das ist der Typ vom Video!« Der Kom-

missar wand sich: »Ja, zu 99% schon, da haben Sie sicher recht …«
Warum wollten sie diese klare Tatsache nicht zugeben?

Der Kommissar setzte sich auf den Stuhl, auf dem bei den echten
Verhören der Polizist sitzt (ich saß passenderweise auf dem
Hocker des Kriminellen), rückte ein wenig näher und fragte dann
fast kumpelhaft: »Wollen Sie, daß er bestraft wird?« Ich verstand
zunächst gar nicht, was er meinte. Er führte aus: »Er ist doch noch
so jung. Er ist noch nicht einmal volljährig« (in Japan wird man
erst mit 20 volljährig). »Wenn er jetzt vor Gericht kommt, dann
wird er nicht nur vorbestraft, sondern wahrscheinlich fliegt er
auch von der Uni.« Ich meinte: »Das ist hart, aber was habe ich
damit zu tun?« Der Kommissar wand sich erneut, er hatte wohl
befürchtet, daß er es mir erklären müsse. Ein Japaner hingegen
würde sofort wissen, wie der Hase läuft. Aber zu spät. Selbst wenn
sie japanisch sprechen, diese Ausländer verstehen wirklich nichts,
wenn man es ihnen nicht explizit unter die Nase reibt: »Sie entscheiden, ob wir die Sache an den Staatsanwalt geben oder die
Ermittlung einstellen. Wenn Sie sagen, daß es Ihnen nichts ausmacht, dann stellen wir die Ermittlung ein.« Ich war baff: »Gibt es
hier keine Gesetze? Ich meine, es ist doch völlig egal, was ich
denke. Wenn jemand ein Verbrechen begeht, dann müssen Sie
doch automatisch ermitteln, oder?« »Nein, Sie sind der Geschädigte. Wenn Sie ihm verzeihen können, dann lassen wir ihn
laufen.« Ist diese Linie etwa offiziell im japanischen Strafgesetz-
buch vorgesehen? Das kann ich mir kaum vorstellen. Diebstahl ist
schließlich ein Verbrechen gegen die öffentliche Ordnung, und
deswegen muß die Polizei ermitteln, ob der Geschädigte nun ver-
zeiht oder nicht. Aber ich war nicht nur von der Eigenmächtigkeit
und dem Gutmütigkeitswahn der Polizei geschockt. Ich wollte
Rache, wenn schon nicht persönlich, dann zumindest durch den
Staat. Dieser kleine Prinz, der sich nicht mal die Mühe gemacht
hatte, all das Geld in die Geldbörse zurückzulegen, war wirklich
der letzte Japaner, dem gegenüber ich Nachsicht empfand. Bloß
weil ich jetzt seinen Namen kannte, war er nicht plötzlich ein
Vertrauter, jemand, dem gegenüber ich Mitleid empfinden
müßte, auch wenn das der Kommissar erwartete. »Ich kann das

jetzt nicht entscheiden. Ich muß auf jeden Fall erst mit ihm sprechen.« entschied ich. »Oh, dann rufen wir ihn sofort hierher«, meinte der Kommissar und gab ein Zeichen nach draußen, die Familie Murata anzurufen. Da wollten sie also die ganze Familie rufen, dann sitzen noch drei Polizisten dabei, alle flehen mich um Verzeihung an, und ich soll hart bleiben können. Nein, diese Psycho-Taktik lasse ich nicht zu: »Ich habe jetzt einen Termin und muß gehen. Er soll mich anrufen und sich mit mir unter vier Augen treffen. Danach werde ich Ihnen mitteilen, wie ich entscheide«, meinte ich hochherrschaftlich angesichts meiner neugewonnenen Macht, und marschierte aus dem Polizeigebäude.

Nach meinem Besuch bei der Polizei sprach ich mit mehreren Freunden über meine mir unverhofft zugefallene Rolle als Richter über Leben und Tod. Der Tenor bei meinen westlichen Freunden war eindeutig von Empörung über das windelweiche Verhalten der Polizei geprägt. Das tat mir gut, weil ich schon angefangen hatte, mich von der Taktik des Kommissars einlullen zu lassen und mich selber als hartherzig zu empfinden: Der kleine Murata sollte meinetwegen von der Uni fliegen, einer Elite-Uni, deren Besuch seine Eltern wahrscheinlich seit dem Kindergarten geplant hatten. »Nein, der soll kriegen, was er verdient. Es ist eine Unverschämtheit, daß sie dir so eine schwerwiegende Entscheidung aufbürden«, meinte ein deutscher Freund. Meine japanischen Freunde dagegen wußten schon, worauf alles hinauslaufen würde. »Die Eltern werden dir viel Geld bieten, damit du stillhältst.« meinte eine japanische Freundin. »Wieviel meinst du, kann ich kriegen?« »Oh, mindestens 100.000 Yen.« Da haben wir's wieder: Geld, das Schmieröl für jeden Fall von beginnender Gefühlsverhärtung in Japan.

Noch am gleichen Abend rief mich der junge Murata persönlich an. Unter Tränen vereinbarte er mit mir ein Gespräch für den nächsten Tag. Ich konnte ihm entlocken, daß er gemeinsam mit seinen Eltern einen äußerst unangenehmen Nachmittag auf dem Polizeipräsidium verbracht hatte und ihm der Kommissar, der mir gegenüber um so viel Nachsicht gebeten hatte, ordentlich eingeheizt hatte.

Wir trafen uns auf dem Unigelände. Braungebrannt und in feschen Klamotten stand er da, aber kaum hatte er guten Tag gesagt, brach er schon in Tränen aus. Zum Glück hatte ich die ganze Geschichte schon so oft mit Freunden durchgekaut, daß dieser Ausbruch von Elend bei mir kein Mitleid mehr auslöste. Ich rechnete dem kleinen Murata kühl vor, daß ich insgesamt einen Schaden von 30.000 bis 40.000 Yen erlitten hätte, für die Eintrittskarte, Bahnfahrten und Karten-Neuausstellungen und die 10.000 Yen, die er mir nicht zurückgegeben hatte. Er war gar nicht fähig, irgend etwas abzustreiten. Er bat mich um Verzeihung, so oft, daß es mich schon nervte. Schließlich kam heraus, daß sein Vater, ein Bankdirektor (!), extra einen Nachmittag frei genommen hatte, was in Japan bei Geschäftsleuten nur bei außerordentlichen Ereignissen gerechtfertigt ist. Er wartete jetzt in einem Café direkt vor der Uni. Ob wir nicht gemeinsam hingehen könnten? Ich willigte zögerlich ein.

Der Vater war im Sonntagsstaat gekommen. Nachdem ich einen Kaffee bestellt hatte, wiederholte er die Zeremonie der unterwürfigen Entschuldigung für tiefes Vergehen, die ich schon im Studentenwerk kennengelernt hatte. Herr Murata hörte gar nicht mehr auf, sich zu entschuldigen. Das war eine große Geste für jemanden, der sonst wahrscheinlich Milliarden von Yen und Hunderte von Mitarbeitern bewegt. Nicht nur sein Sohn, der immer noch heulend daneben saß, auch er selbst wirkte wie ein Häufchen Elend: »Wir haben als Eltern total versagt. Es ist unglaublich, daß unser Sohn so etwas tun konnte. Wir haben ihm nicht die richtigen Dinge beigebracht. Aber er hat so viel getan, um an diese Uni zu kommen. Es war das erste Mal, daß er so etwas getan hat, und es wird nicht wieder vorkommen. Bitte verzeihen Sie ihm!«

Klar, daß es der Sohn bereute. Angesichts der rabenschwarzen Zukunft, die ihn erwartet, würde jeder Mensch bereuen. Der Vater hingegen empfand vielleicht sogar, was er sagte. Aber hatte das was mit mir zu tun? Im Grunde war es mir völlig egal, wie die Muratas ihren Sohn erziehen. Und es war mir egal, ob es ihnen leid tut. Als Japaner wäre ich nun zu den pekuniären Aspekten des

Verzeihens übergegangen. Aber ich konnte einfach nicht so materialistisch sein. Ich unterbrach die Entschuldigungs-Bekundungen: »Ich kann Ihnen heute nicht sagen, ob ich ihm verzeihe. Ich habe Sie jetzt getroffen und möchte über meinen Eindruck nachdenken. Ich möchte natürlich nicht, daß Ihr Sohn von der Uni gewiesen wird. Aber ob ich ihm persönlich verzeihe, weiß ich noch nicht. Auf jeden Fall möchte ich Sie bitten, mir meinen direkten Schaden von 30.000 bis 40.000 Yen zu ersetzen.« Als wäre das das Stichwort gewesen, zog er einen dicken Umschlag heraus. Darin waren 10.000-Yen-Scheine gestapelt, mindestens 200.000 Yen. Das also wären sie zu zahlen bereit gewesen. Er zählte 40.000 Yen ab und überreichte sie mir, immer noch mit Entschuldigungsbekundungen. Hätte ich das ganze Geld genommen, wäre er vielleicht auf das normale Gesprächsniveau zurückgekehrt, denn dann hätte er schließlich die Schuld abgezahlt. Ich nahm das Geld dankend, verabschiedete mich und ließ Vater und Sohn konsterniert in ihren Café-Sesseln sitzen. Hatten sie etwa gedacht, daß ich diesen Treff nur für eine diskrete Übergabe des Schweigegeldes vorgeschlagen hatte? So unnatürlich das Ganze schien, der Naive in dieser Geschichte war ich. Ich verstand überhaupt nicht, was gespielt wurde und brachte dadurch alle aus der Fassung.

Die Frage bleibt, warum es ein Bankierssohn überhaupt nötig hat, einen alten Geldbeutel zu stehlen, wenn sein Vater ohne mit der Wimper zu zucken bereit ist, die zehnfache Summe zu zahlen, um die Geschichte wieder aus der Welt zu schaffen. Wahrscheinlich geht es gar nicht so sehr um die Möglichkeit, sich von der Beute etwas Gewünschtes kaufen zu können. Vielmehr ähnelt Geld dem Sex: Man nimmt einfach, was man kriegen kann, egal, ob man es wirklich braucht.

Eine Woche später schrieb ich der Polizei einen Brief. Ich gab an, daß mein finanzieller Schaden vom Vater ersetzt worden sei, aber daß ich nicht bereit sei, die Verantwortung für Muratas Schicksal zu übernehmen. Es sei eine Unverschämtheit, daß sie, die Profis, mir, dem Laien, überhaupt eine solche Entscheidung aufbürdeten. Ich wolle nicht, daß er von der Uni flöge, aber schon, daß er nach den Gesetzen des Landes bestraft würde. Eigentlich dachte ich, mit diesem Brief ziemlich direkt gesagt zu haben, daß ich eine Fortführung der Ermittlungen befürworte, und wartete auf eine weitere Vorladung, um endlich ein Protokoll aufzunehmen. Aber bis heute habe ich nichts mehr gehört. Sie haben wohl wieder hinter dem »Gesagten« das wahre »Gemeinte« gesucht, nur zu willig meine Bemerkung, ich wolle nicht, daß er von der Uni flöge, in ein zaghaftes Mitgefühl umgedeutet, also als Genehmigung dafür, die Ermittlungen einzustellen. Dabei meine zumindest ich auch, was ich sage.

Das schwachsinnige Programm des Schließ-Computers hat das Studentenwerk nicht geändert. Wohl aber hängt jetzt eine ellenlange Erklärung auf japanisch über den Metallkästen, die offenbar auf meinen Erfahrungen basiert: »Bitte schauen Sie nach dem Zusperren nach, ob das rote Lämpchen leuchtet. Vergewissern Sie sich, ob das Türchen wirklich geschlossen ist.« Und so weiter, blablabla.

Gleichheit
Reich wie Scheich und dennoch gleich?

Sozialismus einmal ganz ohne Revolution.
Japaner, die besseren Europäer.
Wo man in Osaka Zombies findet.
Die ehrenwerte Menschenrechtspolitik
der japanischen Regierung.

Karl Marx hätte seine helle Freude an den Japanern, zumindest
wenn er sich heutzutage über sie in einer japanischen Zeitung
informieren würde. Bei jährlich neu durchgeführten Umfragen
»Welcher Klasse fühlen Sie sich zugehörig?« geben regelmäßig
mehr als 95% aller Japaner an, zur gleichen Klasse zu gehören: zur
Mittelklasse. Ist hier tatsächlich – ganz ohne Revolution – das
kommunistische Ideal der Ein-Klassen-Gesellschaft verwirklicht
worden? Ausgerechnet hier, in der nach Amerika bedeutendsten
kapitalistischen Nation des Planeten?

Japaner, die zu Marx' Zeiten lebten, hätten ihm wohl nicht so eine
große Freude bereitet wie ihre Ururenkel. Noch vor 150 Jahren
war man nämlich stolz auf seine besondere Klassenzugehörigkeit.
Damals hätten sich wohl circa 0% der Mittelklasse zugehörig
gefühlt. Bis zur Mitte des 19. Jahrhunderts hatte das Land eine feu-
dalistische Ständegesellschaft mit vier streng abgeteilten Klassen.
Man gehörte entweder zu den Samurai, Bauern, Handwerkern
oder Kaufleuten und war stolz darauf. Für jede Klasse existierte
sogar eine eigene Gesetzgebung. Unterhalb der vier Klassen gab
es noch die Paria-Klasse der Blutberufe. Hierzu gehörten
Metzger, Henker, Bestatter, und Geburtsammen, also alle, die von
Berufs wegen mit Blut in Kontakt kamen und daher »unrein«
waren. Diese Parias mußten am Rande der Ortschaften wohnen
und wurden von allen anderen gemieden. Diese traditionelle
Klassengesellschaft erhielt einen schweren Schlag, als mit der
Einführung eines modernen westlichen Staats- und Militärwesens
in der zweiten Hälfte des 19. Jahrhunderts die Kriegerkaste der

Samurai schlicht überflüssig wurde. Den Rest gab dem Klassenwesen dann eine astreine Bodenreform, zur gleichen Zeit wie die Bodenreformen in den kommunistischen Ländern Osteuropas. Getreu der Devise »Junkerland in Bauernhand« wurden kurz nach dem Zweiten Weltkrieg über Nacht Millionen wie Leibeigene gehaltener Pachtbauern zu Eigentümern ihres Bodens. Ausgerechnet ein ausgewiesener Kommunistenfresser initiierte diese kleine Revolution: der amerikanische Besatzungsgeneral Douglas McArthur.

Das Klassenbewußtsein und der Klassenstolz wurden den Japanern also eher mit Gewalt ausgetrieben. Aber heute genügt schon ein Blick auf die Handtasche, und man sieht, daß sie nichts mehr fürchten, als anders zu sein als die anderen. Es gibt genau eine Handtasche, die »in« ist, und das schon seit Jahren: »Louis Vuitton« heißt die Marke, und wenn Sie als Europäer noch nicht davon gehört haben, ist das doppelt peinlich, weil den Japanern gerade »Biton«, wie sie den Namen verballhornen, als Insignie der europäischen »Art de vivre« gilt. Alle Japaner haben eine Handtasche, einen Geldbeutel, eine Reisetasche oder zumindest ein Schlüsseletui von Louis Vuitton. Wenn Sie in Zukunft in Europa wieder einmal nicht sicher sind, ob der asiatische Tourist ein Chinese, Koreaner oder Japaner ist, schauen Sie einfach nach, ob auf seiner Tasche oder seinem Geldbeutel die verschränkten goldenen Initialen »LV« auf braunem Grund prangen. Dann wissen Sie: Er hat etwas von Vuitton – er ist Japaner.

Ich weiß nicht, was die Japaner an dieser Marke finden. Gerade weil die Stadtmode in Japan schick, elegant oder auch äußerst sexy ist, möchte man ihnen wie im Märchen »Des Kaisers neue Kleider« zuschreien: Seht ihr nicht, wie langweilig, bieder und häßlich diese Taschen ausschauen mit ihrem schmutzigen Braun? Nein, sie sehen es nicht. Eine Tasche von Vuitton trägt man nicht der Ästhetik wegen, sondern als Statussymbol, als Zeichen der Zugehörigkeit zur Klasse. Man kann im Zug Hausfrauen mit Kopftuch, Schlabberkleidung und fünf Einkaufstaschen aus Plastik antreffen, aber eine Louis-Vuitton-Tasche haben sie garantiert dabei. Das Gottvertrauen in die Wirkung dieses Talisman des Luxus-Looks nützt leider nichts. Ein schlabberiger Look plus eine Vuitton-Tasche bleibt immer noch ein schlabberiger Look.

Die Artikel der französischen Firma sind so begehrt, daß sie die Verkaufspreise in Japan auf das eineinhalbfache des Preises in Frankreich festsetzen konnte. Das hält aber Oberschülerinnen nicht davon ab, mit älteren Geschäftsleuten ins Bett zu gehen, nur um sich eine dieser Handtaschen leisten zu können. Diese Art von Geschäften namens »Enjokosai« hat in den westlichen Medien bereits einen gewissen Bekanntheitsgrad.

Für den derzeitige Marktkurs einer Nacht mit einer Ober-schülerin (50.000 bis 60.000 Yen) bekommt man genau eine kleinere Handtasche. Oft wandert gar kein Bares mehr über den Tisch, sondern der ältere Geschäftsmann führt seine Geliebte gleich vom Hotel ins Taschengeschäft, wo sie sich dann ein hübsches, schmutzigbraunes Modell aussuchen darf. Und was haben sie schließlich davon, daß sie ihren Körper verkauft haben? Sie haben das, was alle haben: Die offizielle Eintrittskarte in die Welt der Klone.

Seit kurzem hat Louis Vuitton bei der jüngeren Hälfte der Japaner Konkurrenz von der italienischen Firma »Prada« bekommen. Prada verkauft ganz normale schwarze Rucksäcke und Taschen, auf die ein metallenes Dreieck mit der Aufschrift »Prada« geklebt ist – und schon können sie astronomische Preise verlangen. Die Umorientierung auf Prada bedeutet leider keine plötzliche Wende zum individuellen Geschmack, sondern es gibt nun zwei obligatorische Marken zur Auswahl. Eine davon muß man auf jeden Fall besitzen, am besten aber beide. Da steht dann eine weitere Nacht mit dem »Geschäftsfreund« an.

Klar, auch deutsche Jugendliche, die sogar Gewalt anwenden, um die angesagten, aber zu teuren Sportschuhe oder die Jacke des Mitschülers zu erpressen, sind nicht origineller. Aber ihnen steht es zumindest frei, wie sie sich in der Schule kleiden. Japanische Kinder werden dagegen schon von der Schule kleidungstechnisch gleichgemacht. Manche müssen ihr ganzes 12jähriges Schulleben lang, die meisten zumindest in den sechs Oberschuljahren, Uniformen tragen. Die Jungs tragen eine Art Anzug mit Krawatte, die Mädchen kommen in Jackett und langem Rock.

Die Schuluniform ist viel mehr als nur ein ungeliebtes Kleidungsstück, das man nach Schulende aufs Bett schmeißt und sofort gegen lässige Freizeitkleidung austauscht. Sie ist die zweite Haut des jungen Japaners. Die Schule geht von Montag bis Samstag und dauert meist bis vier Uhr nachmittags, danach geht es direkt (ohne sich umzukleiden) in die Nachhilfeschule oder gleich in die Stadt. So hat die antiquierte Uniformpflicht ein an sich häßliches Kleidungsstück zu einem unabdingbaren Zugehörigkeits-Ausweis gemacht. Die weibliche Schuluniform hat sogar in gewisser Weise den Status der erotischsten Kleidung erlangt. In Pornofilmen und -zeitschriften müssen selbst 30jährige Akteurinnen noch in eine frisch gestärkte weiße Bluse und einen dunkelblauen Faltenrock aus dickem Stoff schlüpfen, um die männlichen Betrachter zu erregen. Die Uniformkombination an sich ist entsetzlich bieder und hausbacken. Erst die Erinnerung an die eigene Teenager-Zeit und die vielen hübschen Mädchen in der Stadt, die alle in die Uniform gepreßt wurden, löst den erotischen Reiz aus.

Privatschulen bestehen allein deshalb schon auf Uniformen, weil der Schulname auf dem Revers eingestickt ist. Einige wenige öffentliche Schulen aber stellen es den Schülern frei, in welcher Kleidung sie kommen. Gegenüber meiner Wohnung liegt das Städtische Gymnasium Shinjuku, eine öffentliche Schule. Alle Schüler, die mir morgens und abends über den Weg laufen, tragen eine Uniform. »Bei dem Shinjuku-Gymnasium ist doch Uniformpflicht?« frage ich eine Freundin, die mir gerade erzählt hat, daß auf ihrer städtischen Schule kein Uniformzwang war. »Nein, auch die können anziehen, was sie wollen«, antwortet sie. »Aber es ist so cool, eine Uniform zu haben, daß fast alle freiwillig Kleider tragen, die wie eine Schuluniform ausschauen.« Ich schaue noch mal über die Straße. Tatsächlich tragen alle eine Uniform, Krawatte, Bluse, Rock – aber jede sieht anders aus, andere Farben und verschiedene Jackett-Schnitte. Sie wollen also ihre Freiheit gar nicht, selbst wenn sie sie kriegen können. Sie wollen lieber gleich sein und dazugehören zum Rest der Tokioter Jugend-lichen.

Japaner werden in der Schulzeit darauf geeicht, daß sich die Zugehörigkeit zu einer Gruppe durch eine Uniform manifestiert. Danach scheint sie die Maxime »Wenn ich etwas erreichen will, muß ich die gleichen Kleider tragen, wie die, die es erreicht haben« ihr Leben lang zu prägen. Kein Angestellter würde auf die Krawatte verzichten, das Statussymbol derer, die ihr Geld mit dem Kopf und nicht mehr mit den Händen verdienen.

Selbst beim Flirten wird das Aussehen der Erfolgreichen millime-tergenau kopiert. In den mehreren hundert Meter langen über-dachten Einkaufsstraßen, für die Osaka, drittgrößte Stadt Japans, berühmt ist, stehen abends Hunderte junger Männer an den Häuserecken herum. Sie stehen hier, um die Mädchen anzubag-gern, die (nicht selten zum gleichen Zweck) durch die Straße fla-nieren. Man müßte eigentlich erwarten, daß jeder einzelne Kan-didat versucht, sich durch die Kleidung abzugrenzen, um ein wenig aus dem reichhaltigen Angebot hervorzustechen. Aber alle tragen das Gleiche, und zwar exakt das Gleiche: einen schwarzen Anzug mit Krawatte. Jeder hat seine Haare mittelblond gefärbt. Alle rauchen, und alle trinken Kaffee aus Dosen.

Nicht nur in der Kleidung, auch im Verhalten streben die Japaner danach, mit dem Mitmenschen auf gleicher Stufe zu stehen. Wenn vier Freunde in ein Restaurant gehen, bestellen sie oft alle das, was der erste nimmt, zum Beispiel Schnitzel mit Curry-Sauce (schmeckt besser als es klingt), auch wenn man viel mehr Lust auf eine gebratene Makrele (auch lecker!) hat. In Tokios angesagtesten Diskotheken wie dem »Pylon« oder dem »Club M« tanzen alle den »Para-Para-Tanz«. Dabei schauen alle exakt in die gleiche Richtung, in die des DJs, bewegen sich mit exakt den gleichen Hand- und Fußbewegungen, denen nämlich, die ein Vortänzer neben dem DJ vorgibt, und kreischen exakt dann, wenn alle ande-ren kreischen. Dieses Disko-Ballett stößt Individualisten aus Europa, die im Tanz individuelle Ekstase suchen, natürlich ab.

Der oberflächliche Grund für das große Streben nach Gleichheit ist: Ich will nicht auffallen. Ich will nicht anders sein als die anderen. Ich will nichts Besonderes sein. Vielleicht fühlt man sich durch die Aufgabe der Individualität in einer Gruppe von Gleichen besonders geborgen. Diese Geborgenheit wiederum war auch eine der Annehmlichkeiten, die die Ostdeutschen an ihrer alten DDR so vermissen.

Der gleichschalterische Grundzug der modernen japanischen Gesellschaft verführte die ehemalige französische Ministerpräsidentin und spätere EU-Skandal-Kommissarin Edith Cresson zu der Entgleisung, von den Japanern als »gelbe Ameisen« zu sprechen. So eine arrogante Haltung ist nicht nur beleidigend, sondern auch vorschnell. Freiheit heißt eben nicht, um jeden Preis eigenbrötlerisch sein zu müssen. Schlimm ist die Aufgabe der Individualität für die Gruppe nämlich nur, wenn man eigentlich anders will, aber nicht darf. Die Japaner aber wollen es gar nicht anders, weil sie es nicht anders kennen. Sie sind damit aufgewachsen, daß es gut ist, nicht aufzufallen. Freiheit heißt vielmehr, Freiraum für Individualität haben zu können, wenn man ihn will. In diesem Sinn haben die Japaner genauso viel Freiheit wie wir.

Im Gegensatz zu den DDR-Bewohnern haben sie nämlich die Freiheit, alles lesen zu dürfen, frei reisen zu dürfen, dem Lieblings-Hobby nachgehen zu dürfen. Und wohl nicht zuletzt die Freiheit, mit wem auch immer anbandeln und wie auch immer Sex haben zu dürfen – eine Freiheit, die in diesem Maß keine andere Gesellschaft des Planeten, erst recht keines der christlichen oder islamischen Länder oder der asiatischen Nachbarländer toleriert.

So natürlich das Bestreben nicht aufzufallen auch sein mag, in der Praxis lähmt es unheimlich. In den zahlreichen »Meetings«, den geschäftlichen Sitzungen, wird kaum diskutiert, da niemand durch eine gegenteilige Meinung ins Schußfeld geraten will. Eine Bekannte, die an einer Sprachschule unterrichtet, erzählt: »Bei uns sind Meetings eher Referate. Der Chef kommt rein, erzählt, was er für gut hält, und alle nicken brav. Wenn das Meeting beendet ist, sind alle so klug wie vorher.«

In einem Informatik-Seminar an meiner Universität mußten jeweils fünf Leute gemeinsam eine Hausarbeit bis zum Semesterende vorbereiten, mit Programm, Demonstration und allem denkbaren Pipapo. Der Seminarleiter hatte unsere Fünfergruppe (die vier anderen waren Japaner) willkürlich zusammengewürfelt, wir kannten uns vorher nicht. In Deutschland läuft Gruppenarbeit oft kämpferisch ab. Alle bringen laut ihre Meinungen vor, warten ungeduldig eine Schamfrist ab, bis sie den Vortrag des anderen unterbrechen können, um ihn zu kritisieren. In meiner Seminargruppe passierte zunächst überhaupt nichts. Nach zwei Wochen rang ich mich schließlich durch, an alle eine Mail zu schicken, um überhaupt einen ersten gemeinsamen Treff vorzuschlagen. Schon damit hatte ich das Gefühl, etwas wagemutig Direktes getan zu haben. Erst recht, weil ich als in der japanischen Kompetenzhierarchie ganz unten stehender Ausländer die Initiative der »Einheimischen«, der mit dem Uni-System Vertrauten, abwarten sollte. Allerdings kann auch in Japan Gruppenarbeit nur funktionieren, wenn sich die Gruppe überhaupt trifft. Beim ersten Treffen standen dann alle herum wie versteinerte Tonstatuen aus einem chinesischen Kaisergrab. Die ersten fünf Minuten sagte niemand überhaupt irgend etwas. Ich auch nicht, nicht nur, weil ich schon so infiltriert durch dieses »Nicht-Auffallen« bin, sondern auch, weil die Atmosphäre des wartenden Schweigens einfach so lähmt. Man wird immer pessimistischer und hat Lust, alles hinzuschmeißen. Dabei sind wir alle erwachsen und haben mehrere Jahre Uni- und Dutzende Lebenserfahrung hinter uns. Wieder war ich es, der endlich das Wort ergriff. Auf deutsche Art trug ich meinen ganzen Sermon vor: Was ist notwendig, was kann ich davon selbst machen, wer könnte vielleicht was übernehmen usw. Anstatt einer sofortigen breiten Zustimmung oder einer lebhaften Diskussion aber folgte meinem Vorschlag wieder – Schweigen. Schließlich befragte ich dann wie ein Gruppenleiter, dessen Funktion ich nun wahrlich nicht anstrebte, alle einzeln nacheinander nach ihrer Meinung. Widerwillig gemurmelte Zustimmung war die maximale Reaktion. Letzten Endes führte unsere Gruppe das Projekt genau so durch, wie ich vorgezeichnet hatte. Es war nicht der Inhalt, der ihnen nicht gepaßt hatte, es war einfach die Art, zu schnell und zu laut.

Aber wie soll man denn sonst vorwärtskommen? Man fragt sich

wirklich, wie japanische Firmen das Land zu einer derart wohlhabenden Nation aufbauen konnten, bei dieser jede Kreativität und Entscheidung lähmenden »Lieber sag ich nichts, als daß ich mich profilieren könnte«-Kultur.

Die Geschichte mit der Mittelklasse ist eine der großen Lebenslügen der japanischen Gesellschaft. Es gibt keine homogene Mittelklasse, und schon gar keine, die 95% der Bevölkerung ausmachen könnte. Allein schon geographisch sind da Riesenunterschiede. 1996 lag das Volkseinkommen in der Hauptstadtprovinz Tokio pro Kopf bei 4,3 Millionen Yen und machte Tokio zur reichsten Stadtregion der Erde. Die Inselprovinz Okinawa erwirtschaftete dagegen nur gute 2 Millionen pro Kopf. Auf den Straßen Tokios sind mittlerweile 4.000 Menschen als obdachlos anerkannt. Dieses Thema hatte bis vor ein paar Jahren noch so unsäglich am Gleichheitsmythos gekratzt, daß die Behörden sich einfach weigerten, die Existenz auch nur eines einzigen Obdachlosen anzuerkennen. Klar, daß die Dunkelziffer um ein Vielfaches höher liegen muß.

Auch wer nicht auf der Straße lebt, gehört noch lange nicht zur Mittelklasse. Ich frage mich immer wieder, wie ein Straßenarbeiter bei den Mieten, Lebensmittel- und nicht zuletzt Bierpreisen in Tokio mit einem Einkommen von 200.000 Yen im Monat seine vierköpfige Familie überhaupt durchbringen kann. Diese Leute haben kein Auto, weil sie nicht mal die Parkplatzmiete von 35.000 Yen monatlich aufbringen könnten. Sie waren noch nie im Ausland, weil das Ausland nur mit teueren Flügen erreichbar ist. Viele Heranwachsende werden in einfache Friita-Berufe wie Kellner oder Kassierer getrieben, weil sich die Eltern die hohen Uni-Gebühren nicht leisten können. Nicht wenige Eltern fangen gleich mit der Geburt ihres Kindes an, für die Studiengebühren zu sparen.

Andererseits aber gibt es auch genügend Familien, bei denen die Studiengebühren von bis zu zehn Millionen Yen im Jahr sowie die Lebenshaltungskosten der Kinder von weiteren fünf Millionen im Jahr aus dem laufenden Einkommen des Vaters bestritten werden. Alleine in meinem japanischen Bekanntenkreis, der sich sicher zu 100% zur »Mittelklasse« zählen würde, gibt es über ein Dutzend Familien, bei denen das Studium der Kinder aus der Portokasse finanziert zu werden scheint. Diese Eltern sparen sich dafür beileibe nicht die Reiskrumen vom Mund ab. Im Gegenteil, ihr Geldausgebeverhalten erinnert eher an die neureichen Russen: Sie besitzen mehrere Häuser, fliegen drei Mal im Jahr mit der ganzen Familie ins Ausland, zahlen ihren 15jährigen Töchtern Schönheitsoperationen, kaufen sich alle sechs Monate den neuesten Computer und Fernseher und haben drei Autos deutscher Fabrikation in der separaten Garage stehen. Hier stecken die 25 Prozent, die Japans Bruttosozialprodukt pro Kopf in den Statistiken vor unserem bereits reichen Deutschland liegt.

Warum sind sie nicht stolz auf ihren Reichtum und geben zu, daß sie eigentlich eher zur Oberklasse gehören? Schließlich haben sie ihn ja in den meisten Fällen wirklich durch eigene, harte Arbeit verdient, denn Erbreichtum kommt im bis in die sechziger Jahre noch relativ armen Japan eher selten vor.
Eine Bekannte, eine Kinderärztin, hat neben sieben (!) Autos und einem großen Gartengelände nicht nur eine Putzfrau, sondern auch jeweils jemanden fürs Kochen, für die Wäsche und fürs Einkaufen. Aber ihre Medizin studierende Tochter weist meinen Ausruf »Ihr seid aber reich!« weit von sich: »Nein wir sind normal!« und wedelt empört mit ihrer 200.000 Yen teuren Prada-Tasche.
Straßenarbeiter, Friita-Jobber, Ärztin und Putzfrau werden sich wohl auch in der nächsten Umfrage alle wieder als »Mittelklässler« bezeichnen. Es geht nicht darum, was sie tatsächlich über ihren Status denken; es geht darum, daß sie vor einem anderen nicht erwähnen dürfen, daß sie sich überlegen fühlen. Selbst bei einer anonymen Umfrage ist der Befrager nicht einfach irgendein Angestellter eines Meinungsforschungsinstitutes, der einem egal sein könnte, sondern eben auch der Mitjapaner, dem gegenüber man nicht auffallen möchte.
Es sind also nicht die tatsächlichen Lebensverhältnisse, die gleich

sind, es ist der Wunsch, nicht verschieden zu wirken, der die Schimäre der riesigen japanischen Mittelklasse produziert hat.

Die ganze künstliche Gleichmacherei tut auf den ersten Blick niemandem weh. Um so blamabler ist es, daß es eine kleine Klasse von Japanern nicht geschafft hat, in die selbsternannte, angeblich so klassenlose Mittelklasse aufzurücken. Es handelt sich um die Buraku, die Nachkommen der Paria-Klasse der oben erwähnten Blutberufe aus der Feudalzeit Japans.

Japanische Mittelklasseeltern engagieren eigens Detektive, die die Herkunft des zukünftigen Ehepartners durchleuchten, damit ihr Kind ja nicht aus Versehen einen Angehörigen aus dieser Paria-Klasse ehelicht. Auch bei Vorstellungsgesprächen oder Wohnungssuchen werden Leute dieser Klasse mit dreifach kritischerem Auge betrachtet. Man erkennt sie nicht am Aussehen; sie sehen natürlich genauso aus wie alle anderen Japaner. Man erkennt sie an ihren Nachnamen, an für die Klasse typischen Namen, die sie trotz der dadurch direkt erkennbaren Abstammung und Diskriminierung bis vor ein paar Jahren nicht ändern durften. Und selbst mit einem neuen Namen sind sie noch durch ihre Adresse eindeutig identifizierbar, denn meist sind die Buraku-Viertel auf dem Grund der ehemals am Stadtrand gelegenen, jetzt mitten in die Städte hineingewachsenen Paria-Bereiche entstanden. Grundstücke in den Städten bleiben über Generationen in der Familie, und die Parias haben es noch schwerer, woanders eine neue Wohnung zu finden, als es schon für den normalen Japaner ist. So haben sich gewisse Wohnviertel über Generationen als Synonym für Parias etabliert. Wenn man einen unerwünschten Zustand nicht ändern will oder kann, ändert man zumindest den Namen für den Zustand und vertraut plötzlich auf den Zauberglauben, auf die magische Kraft der Sprache. Die japanischen Parias wurden anfangs schlicht wie grausam »Hinin«, »Nicht-Menschen«, später »Eta«, »Beschmutzte«, genannt. Die japanische Regierung nennt sie heutzutage »die diskriminierte Bevölkerungsgruppe aus den Buraku-Vierteln« und läßt jedes Jahr ein neues Plakat entwerfen mit dem Slogan »Laßt uns die Buraku-Diskriminierung abschaffen!«

Aber Hauptsache, die »Nicht-Menschen« vermehren sich nicht zu stark. Weil sonst der Mittelklasse-Satz in den Umfragen unter 95% sinken würde und sowohl die Japaner als auch Karl Marx mit der heterogenen Wahrheit der japanischen Gesellschaft fertig werden müßten.

目立たないまま目立ちたい

GLEICHHEIT

Fremdsprachen
Englisch hassen lernen

Nur ältere Bäuerinnen können kein Englisch.
Einführung in die Methoden der Sprachvergewaltiger.
Wann man Japanern Witze erklären muß.
Wo Japanerinnen Westler aufreißen.

Ein Crashkurs in Japanisch gefällig? Beginnen wir mit den Farben: »guriin, buruu, reddo, iero«. Na, wenn Sie wissen, daß Japaner gerne zusätzliche »u« und »o« in Fremdwörter packen und außerdem alle »l« wie »r« aussprechen (also genau andersrum als die Chinesen!), haben Sie sich schon zusammengereimt, daß dies die verhunzten englischen Namen für die Grundfarben sind. Die Japaner haben natürlich auch eigene Wörter für die Farben (»midori, aoi, akai, kiiroi«). Aber Antragsformulare in der Uni sind nach »guriin, buruu, reddo, iero« unterschieden, die Sofas im Möbelhaus sind nur in diesen Farben erhältlich, bei Autolackierungen und Wandfarben wird man vergeblich nach »midori« oder »aoi« suchen, und auch in vielen anderen Alltagssituationen wird lieber das englische Wort verwendet. Selbst das japanischste aller Nahrungsmittel heißt immer öfter »Raisu« im Restaurant. Da jeder Japaner mindestens sechs Jahre Englisch in der Schule hatte, ist die Verwendung eines einzelnen, nicht allzu komplizierten englischen Wortes in der Alltagssprache kein Problem – vorausgesetzt, man spricht es nach den oben angerissenen »Katakana«-Ausspracheregeln aus, denn ihre Englischlehrer waren ja auch Japaner.

Nur die Ältesten haben noch ihre Probleme. In einer Quizsendung werden als Kandidaten ältere Bäuerinnen eingeladen, die Fragen zum modernen Leben beantworten müssen, deren Antwort jedem Japaner unter 70 selbstverständlich ist. Die oft noch rüstigen Damen nehmen sich gelegentlich gern selbst auf die Schippe. Vor kurzem wurde hier nach dem englischen Wort für »gelb« gefragt. Erstmal Schweigen. Dann breites Lachen nach dem Motto: »Woher sollen wir so was wissen?« Dann doch ein paar Versuche (buruu, reddo), bevor die gewiefteste der drei Kandidatinnen triumphierend auf die Klingel schlägt und »Ierooo!« schreit.

Japanisch ist eine jahrhundertealte Kultursprache – natürlich gibt es für die meisten Katakana-Englisch-Wörter ein präzises Gegenstück im Japanischen. Aber Japaner unterliegen bei ausländischen Wörtern gerne der »Illusion der Bedeutungsverschiebung«. Allein, daß das Wort aus einer fremden Sprache kommt, erzeugt das Gefühl, daß da etwas mitschwingt, was man nicht so einfach übersetzen kann. Da traut man dann der eigenen, sonst so hochgelobten Kultur nicht mal zu, daß gelb überall gelb ist, und übernimmt sicherheitshalber lieber das ausländische Wort.

Gegenstände, die neu ins japanische Alltagsleben strömen, bekommen gleich einen englischen oder englisch-ähnlichen Namen. Selbst bei einer originär japanischen Erfindung wie dem »Walkman« hatten die Sony-Manager offensichtlich nicht genug Vertrauen in die Kraft ihrer eigenen Muttersprache. So ist es verständlich, daß ich wie fast alle nicht-englischsprachigen Ausländer in Japan nicht nur Japanisch gelernt, sondern auch mein Englisch unglaublich verbessert habe. Nicht nur, weil ich als Ausländer häufig in »internationale« Situationen komme, in denen die Weltsprache ihren Platz hat. Nein, erst in Japan konnte ich mir merken, was »Kanne«, »Ofen«, »Steckdose« oder »Regal« auf Englisch heißt – weil die Japaner sich selbst für diese Alltagsdinge keine japanischen Namen abringen können.

Eine ungesunde Einstellung haben die Japaner aber nicht nur gegenüber dem Englischen, sondern auch gegenüber ihrer eigenen Sprache, denn der Großteil der Japaner ist – bewußt oder unbewußt – nicht dazu bereit, mit einem weißen Ausländer Japanisch zu sprechen. Dabei – Binsenweisheit – lernt man eine Sprache, indem man sie spricht. Wir wollen ja mit den Japanern japanisch sprechen, aber sie lassen uns einfach nicht. Wer sich bemüht, mit den Einheimischen in der japanischen, der Landessprache, zu reden, bekommt oft auf Englisch zu hören: »Wo haben Sie denn so gut Japanisch gelernt?« Oder, falls der

Angesprochene kein Englisch kann, zumindest ein fließendes »No, no!« und die Konversation ist beendet. Auf das, was man inhaltlich gesagt hat, geht keiner ein. Aus meinem Mund kann noch so viel Japanisch kommen; mein weißes Gesicht läßt bei ihnen eine innere Schranke fallen: Der ist anders, wir können einander nicht verstehen. »Verstehen« schließt für sie anscheinend auch »meine Sprache verstehen« ein. Japanisch ist für sie eben nicht irgendeine Sprache, es ist ihr Wesen, ihre Art, ihre Kultur, und das alles können sie nicht teilen.

Auf einer Studenten-Begegnungsparty redeten ein Holländer und ich – beide sprachen wir zu diesem Zeitpunkt leidlich Japanisch – mit einer 18jährigen, die gerade erst an die Uni gekommen war. Die junge Frau fragte uns tausend Sachen – auf Englisch. »Where are you from?« Wir antworteten auf Japanisch. »How do you like Japan?« Wir erzählten auf Japanisch, daß es uns ganz gut gefällt. »What do you study?« Wir nannten unsere Fächer – auf Japanisch. Und dann fragte sie: »Do you speak Japanese?« Der Holländer begann noch mit einer Erklärung, aber dann mußten wir beide losprusten. Sie hatte uns nur nach Schema F abgefragt. Wahrscheinlich stand es so in ihrem Englisch-Lehrbuch, im Kapitel »Erste Begegnung mit Ausländern in Japan«.

Ähnliche Geschichten hat jeder in Japan lebende Ausländer zu Dutzenden parat. Ein deutscher Bekannter meint hierzu resigniert: »Gerade Japaner, die fließend englisch sprechen, pochen wenig auf eine englische Konversation, sondern sind jederzeit bereit, auf Japanisch umzustellen. Mit anderen Worten: Je schlechter sie Fremdsprachen können, desto penetranter bestehen sie darauf, sie zu sprechen.«

Einige Ausländer nennen diesen Typ von Japanern »Sprachvergewaltiger«. Sie haben nur Interesse an unserer fremden Sprache, nicht an unserer Person. Sie sprechen uns an, weil sie sehen, daß wir einem anderen Kulturkreis angehören und weil sie ihre Fremdsprachenkenntnisse ausprobieren wollen. Daß sie eigentlich kein Interesse an uns haben, zeigt sich daran, daß sie sich sofort verabschieden, wenn sie merken, daß wir Japanisch können.

Gegenüber dem Englischen haben die Japaner ein total gestörtes Verhältnis. Sie glauben, daß Englisch nicht nur Weltsprache ist, sondern auch überall auf der Welt gesprochen wird, daß Ausländer kein Japanisch lernen können oder wollen und daß alle weißen Ausländer Amerikaner sind und daher Englisch als Muttersprache sprechen. Diese Zwangsneurose gegenüber dem Englischen wird zum großen Teil von Geschäftemachern, den Eikaiwa-Schulen, gefördert. Eikaiwa heißt »Englisch-Konversation«, an diesen Schulen unterrichten Amerikaner, Engländer oder Australier ihre Muttersprache, und das ist oft auch deren einzige Qualifikation. Japanisch können die wenigsten Eikaiwa-Lehrer, weil sie nicht aus Interesse an Japan kamen, sondern von den Schulen ins Land gelockt wurden mit der Aussicht, in ein, zwei Jahren ein paar schnelle Yen für die Rückkehr ins Heimatland zu machen. Ohne spezifisches Studium haben sie von Sprachunterricht oder von den theoretischen Grundlagen der eigenen Sprache natürlich keine Ahnung. Oder erklären Sie mal einem Japaner mit rudimentären Deutschkenntnissen den Unterschied zwischen Konjunktiv 1 und Konjunktiv 2 – auf Deutsch! Nicht selten waren diese Lehrer bis vor kurzem Türsteher oder Kellnerinnen, gerne in Kalifornien, die ein Flugblatt wie das folgende, das ich in San Francisco auflas, nach Japan lockte: »Unterrichten Sie Englisch in Japan und verdienen Sie 3.000 bis 4.000 Dollar im Monat! Für alle Berufe geeignet. Unterrichts- und Auslandserfahrung ein Plus, aber nicht notwendig. Keine Notwendigkeit, Japanisch zu können. Sie werden in einer vierwöchigen Ausbildung auf Ihren Job vorbereitet.« In vier Wochen qualifizierter Englischlehrer; damit wird man in Deutschland ja noch nicht mal Hilfsfahrlehrer. Die Eikaiwa-Schulen sind dennoch so dreist, mit genau diesem Mangel an Qualifikationen zu werben: »Bei uns unterrichten nur Muttersprachler«, und sogar: »Bei uns findet der Unterricht ausschließlich auf Englisch statt« haben sich schon als conditio sine qua non für Englischunterricht in Japan durchgesetzt. Und die penetrante Betonung der »Englisch-Konversation« und das völlige Ignorieren von Grammatik, Rechtschreibung oder Stil, als wäre Englisch die einzige Sprache ohne

Regeln und System, hat wohl auch ihren Grund darin, daß die Qualifikation der meisten Lehrer zu nichts anderem ausreicht als sich zu unterhalten. Was hat er denn gegen Eikaiwa, mag man dennoch einwenden, schließlich lernen auch bei uns Millionen Töpfern, Arabisch und Chinesische Selbsterfahrungsmethoden in Volkshochschulen. Aber Eikaiwa existiert zuvorderst als Möglichkeit, den überflüssigen Reichtum vieler Japaner abzuschöpfen. Während ein Volkshochschulsemester schon ab 30 Euro zu haben ist, legt man an den Eikaiwa-Schulen selbst für den allerunterseten Basiskurs in Englisch cira 10.000 Yen auf den Tisch, und zwar pro Monat. Eikaiwa-Schulen gibt es fast so häufig wie Kombinis. An jedem größeren Bahnhof findet man zwei bis drei Stück. Die fünf großen Ketten haben landesweit je mehrere hundert Schulen. Ein besonders schlechtes Image hat die größte Kette, »Nova«, die auch gleichzeitig zu den teuersten zählt. Kein Wunder: Ihr Besitzer ist ein ehemaliger Immobilienhai, der entdeckt hatte, daß er mit der Sehnsucht der Japaner nach guten Englischkenntnissen noch mehr Kohle machen kann als mit ihrer Sehnsucht nach schicken Wohnungen. Nachdem zu viele seinem Beispiel folgten, erweiterte Nova urplötzlich das Sortiment auf fünf weitere Sprachen (Deutsch, Französisch, Italienisch, Spanisch und Chinesisch), um eine neue Klientel zu gewinnen.

Ich erwog kurzzeitig, meiner damaligen japanischen Freundin einen Anfängerkurs in Deutsch zu schenken und erkundigte mich bei Nova nach den Preisen. Schnell nahm ich Abstand: Ein Semester mit einem Kurs pro Woche hätte mich 100.000 Yen allein an Grundgebühren gekostet. Und was für einen Lehrer hätte sie dafür gekriegt? Einen arbeitslosen Offizier der DDR-Volksarmee? Die verstoßene Tochter eines Tiroler Bergbauern? Nein, danke.

Bei einem derartigen Angebot ist klar, daß die Schulen ihre Nachfrage selbst erzeugen müssen. So sind die Bahnen und Zeitungen zugepflastert mit Eikaiwa-Werbung. Berühmtheiten wie Céline Dion aus Quebec (»Auch sie lernte Englisch als Fremdsprache«) oder der Taiwanese Takeshi Kaneshiro, ein in Japan berühmter Schauspieler (»Wenn Sie Englisch können, können Sie mit einer Milliarde Menschen sprechen«), auf den Postern suggerieren, daß das letzte Hindernis auf dem Weg zur persönlichen Freundschaft mit den Idolen die fehlenden Englischkenntnisse sind.

Eine Zeitschrift nannte die Englisch-Schulen einmal treffend die »Eikaiwa-Sex-Industrie«. Die überwältigende Mehrheit der Englischstudentinnen sind weiblichen Geschlechts und unter 30. Der wahre Grund, warum viele Japanerinnen in die Englischkurse rennen ist nämlich, daß sie, lieber noch als ausländische Stars, einfach ausländische Männer kennenlernen wollen. Punkt. Das illustriert ein Radiowerbespot aus Westjapan. Eine Frauenstimme: »Ich treffe jetzt abends immer einen Ausländer – mit blauen Augen, so süüüß!« Die Freundinnen stöhnen neidisch auf: »Was, warum, den will ich auch sehen!« Dann ein Sprecher: »Das muß kein Wunder sein, lernen Sie einfach Englisch an der Fremdsprachen-Universität Osaka. Wir beschäftigen nur ausländische Lehrer – mit blauen Augen.«

So verwundert eine inoffizielle Umfrage nur noch wenig, nach der die größte Gruppe der Japanerinnen, die schon einmal eine Affäre mit einem Ausländer hatten, die ist, die mit ihrem Englischlehrer zusammen waren. Solche Geschichten machen auch unter Japanerinnen die Runde – und verstärken dann noch das Image der Eikaiwa-Schulen als erfolgversprechende Kontaktbörsen. Aber sind sie als Kuppelanstalt nicht ein bißchen teuer? Und wäre es nicht billiger, einfach mich auf der Straße anzusprechen?

Die zweite Gruppe der Leute, die Englisch an der Eikaiwa-Schule lernen, nennen einen nachvollziehbareren Grund: »Ich möchte einmal im Ausland leben.« Diese Leute sind natürlich motivierter als die Frauen, die nur mal blaue Augen ganz aus der Nähe betrachten möchten. Deshalb besuchen sie nicht nur Eikaiwa-Schulen, sondern oft richtige »Englisch«-Berufsfachschulen. Das sind allerdings nicht etwa Dolmetscher-Schulen, wo man den letzten Schliff bekommen würde. Nein, auch an diesem zweijährigen Schultypus (der bezeichnenderweise oft doch wieder nur Frauen vorbehalten ist) bekommt man die ganzen Grundlagen

noch einmal eingetrichtert, die man sich in sechs Jahren Pflicht-
englisch nicht merken konnte (»Hello. I am Naoko«).

Hakt man nach, warum sie ins Ausland ziehen wollen, entdeckt
man, daß sie im Grunde einfach der Wunsch umtreibt, ihrem als
langweilig empfundenen Alltagsleben zu entfliehen. Ihre innere
Argumentations- und Motivationskette ist: »Mein Alltag ist langweilig – der Alltag findet in Japan statt – also ist Japan langweilig
– also ist das Ausland interessant – die wichtigste Voraussetzung,
um im Ausland zu leben, ist Englisch zu können – also lerne ich
erst einmal zwei oder drei Jahre Englisch in Japan.« Das ist wieder so typisch japanisch, daß es weh tut. Auch aus meinem
Abiturjahrgang in Deutschland ging jedes fünfte Mädchen für ein
Jahr nach England, Frankreich oder in die USA als Au-Pair-
Mädchen. Aber sie gingen sofort nach dem Abi. Wenn sie vorher
kein Englisch oder Französisch konnten, dann würden sie es da
schon lernen. Aber Japanerinnen denken, sie müßten perfekt
Englisch können, bevor sie in die USA gehen und bereiten ihre
Flucht pedantisch vor. Kein Wunder, daß in Japan niemand wirklich große Träume hat, wenn die Vorbereitung der kleinen Träume
schon die ganze Zeit und Energie aufbraucht.

Trotz des ganzen Eikaiwa-Hypes liegt der Anteil der Japaner, der
eine Fremdsprache einigermaßen flüssig beherrscht, nach wie vor
im Promillebereich. Die wenigsten brauchen ja auch Englisch
oder eine andere Fremdsprache, weder im Beruf noch privat. Die
Mehrheit der Japaner war noch nie im Ausland. Viele Japaner, die
mit mir sprechen, geben zu, daß sie vorher in ihrem ganzen Leben
noch kein einziges Mal direkten Kontakt mit einem Ausländer
gehabt haben. Trotzdem habe ich aus den verschiedensten
Berufsgruppen schon Leute getroffen, die das Gefühl hatten, sie
wären die letzten auf dem sinkenden Schiff, wenn auch sie nicht
endlich ihr Englisch auffrischten.

Ja, Nova und Konsorten, das habt ihr geschickt gemacht. Und
vielleicht blüht unter den 95% Müll, die unter den Englisch-
stunden zu finden sind, auch der eine oder andere neue kosmo-
politische Japaner auf. Vielleicht kann man qua Englisch tatsächlich mit einer Milliarde Menschen kommunizieren. Aber will

diese Milliarde auch mit euch Japanern kommunizieren – vor allem, wenn ihr selbst zum Rendezvous mit Ausländern Wörterbücher mitbringt? Und schließlich, Japaner: Wenn ihr schon eine Milliarde zur Auswahl habt, warum müßt ihr euch dann ausgerechnet mich für eure englischen Fingerübungen aussuchen?

Mindestens genauso häufig höre ich am Tag das englische »excuse me« wie das japanische »sumimasen« (»Entschuldigung«), wenn sich Japaner an mir vorbeidrängeln wollen oder müssen. Das heißt nicht etwa, daß »excuse me« schon in den japanischen Alltagsgebrauch vorgedrungen wäre wie »iero« oder »Raisu«. Nein, nie würden Japaner untereinander die per se schon spannungsgeladene Entschuldigungssituation weiter aufheizen, indem sie einen ungehobelt klingenden englischen Ausdruck einsetzen. Ich höre »excuse me« einfach, weil ich ein weißes Gesicht habe. Das ist Rassismus in der natürlichsten Art: Er sieht anders aus, also kann er unsere Sprache nicht können. Und nicht nur das, er kann nicht mal die einfachsten Grundformeln in unserer Sprache können. Dieses »excuse me« empfinde ich außerdem als Ignoranz gegenüber allen Ausländern, deren Muttersprache nicht Englisch ist. Wenn ich sie raten lasse, woher ich komme, kommt in 90% aller Fälle die Antwort: »Aus Amerika«. Ausgerechnet einen Deutschen sprechen sie auf englisch an, obwohl das Deutsche, wenn auch abgeschlagen, die zweitbeliebteste Fremdsprache in Japan ist. Millionen Japaner hatten ein oder zwei Jahre Deutsch an der Universität. Ob sie sich überhaupt bewußt sind, daß auf dem europäischen Festland in keinem einzigen Land Englisch gesprochen wird? Wenn ich mich dann darüber beschwere, daß ich kein Amerikaner bin, höre ich: »Ich kann kein Deutsch.« Aber warum versuchen sie es nicht einfach mal zur Abwechslung mit ihrer eigenen Sprache?

Mein Bruder hat sich selbst bei einem Sechstagebesuch in Tokio das Entschuldigungswörtchen »sumimasen« und das Wort »kudasai« (»bitte«) schon am zweiten Tag gemerkt und fortan ohne falsche Bescheidenheit eingesetzt (»biiru kudasai«), so daß eine Kellnerin schon drauf und dran war, ihn für sein gutes Japanisch zu loben, bis sie sein großes Gesicht sah und merkte, daß sie ihr Lob gar nicht verstand. Ein »sumimasen« wird also noch jeder

Tourist verstehen, und außerdem zählt beim Entschuldigen sowieso hauptsächlich die Geste. Sie könnten es genauso gut auf Suaheli sagen, Hauptsache, sie drängeln sich nicht einfach wortlos vorbei.

In europäischen Fußgängerzonen tun japanische Touristen aber genau das. Sie drängeln sich durch, und wenn sie mit jemandem zusammenstoßen, dann senken sie den Kopf und gehen ohne ein Wort unbeirrt weiter. Ausgerechnet dort, wo sie es wirklich einsetzten sollten und könnten, haben sie nämlich Angst, ihr »excuse me« könnte so schlecht ausgesprochen sein, daß es nicht verstanden wird – und lassen es lieber ganz. Daß sie uns in Japan mit »excuse me« bombardieren, hat demnach auch wenig mit dem Bedürfnis zu tun, sich zu entschuldigen. Wir brauchen auch nicht zu antworten. Sie sind schon befriedigt, wenn sie sich auf sicherem Boden getraut haben, ihr Englisch gegenüber einem leibhaftigen Westler zu exhibitionieren.

Im Untergeschoß des Hauptbahnhofs Tokio, einem unheimlich chaotischen Menschengewühle, lief ein japanischer Geschäftsmann mittleren Alters direkt auf mich zu. Er sah mich, mußte bemerken, daß er gleich in mich hineinrennen würde, aber wich nicht aus. Prompt stießen wir zusammen. Und innerhalb einer Millisekunde hatte er auch schon ein formvollendetes »excuse me« herausgepreßt. Diese Situation ist unlogisch: Das »excuse me« kam zu schnell. In der kurzen Zeit hätte er unmöglich mich als Westler identifizieren und dann auch noch sein Englisch herauskramen können. Er hatte mich also schon vor dem Zusammenstoß abgecheckt. Wenn ihm aber meine Gegenwart schon bewußt war, hätte er mir doch gleich ausweichen können, oder? So bleibt nur die unwahrscheinliche Interpretation übrig, daß ihn meine strahlende Schönheit so geblendet hat, daß er wie hypnotisiert weiterlaufen mußte. Wahrscheinlicher ist leider, daß er den Zusammenstoß absichtlich provoziert hat, um ein bißchen Englisch zu üben.

Sie halten mich für paranoid? Dann haben Sie sicher noch nicht in Japan gelebt.

Sogar der Hamburgerkauf bei McDonald's wird zur Parodie.

McDonald's will dem gängigen Vorurteil der Ungehobeltheit der Amerikaner keine weitere Nahrung geben und läßt in Japan seine Angestellten erst recht höflich und freundlich auftreten. Die Kassiererin verbeugt sich also und fragt in ausgesucht höflichem Japanisch (!) nach unseren Wünschen. Da gibt sich jeder Anfänger automatisch auch Mühe, höflich und halbwegs verständlich in seinem rudimentären Japanisch einen Burger und eine Cola zu bestellen. Also sagt man auf Japanisch zur Kassiererin: »Einen Big-Mäc, bitte.« Freundlich wiederholt sie die Bestellung für den ausländischen Kunden – auf Japanisch. Die japanischen Kollegen in der Küche aber hören die Bestellung von ihr übers Mikrofon – auf Katakana-Englisch: »Wan mäc, puriizu«. Dies ist kein Zufall: In allen Filialen der Kette müssen die Angestellten untereinander die Kommunikation auf »Englisch« führen. Bei einfachen Drei-Wort-Sätzen ist das ja auch nicht besonders schwierig: Die Burger haben sowieso englische Namen, und die englischen Zahlen und das »please« sind nun wirklich jedem Japaner vertraut. Die geringen Englischkenntnisse der Angestellten begrenzen das Ganze auf bestimmte englische Wörter und Sätze für vorhersagbare Standardsituationen. Wenn etwas Unvorhergesehenes eintritt, muß doch wieder das altbewährte Japanisch herhalten: »Wo bleiben denn die drei Fish-Mäcs, zum Donnerwetter?« Die »One mac, please«-Show hat eben nichts mit Kommunikation zu tun, sondern soll für den Kunden eine »amerikanischere« Atmosphäre schaffen. Schon pervers, wenn sie das schlechte Japanisch eines ausländischen Kunden in ihr schlechtes Englisch übersetzen.

Eines Tages stand ein waschechter Amerikaner bei McDonald's vor mir und warf der japanischen Bedienung ein »One mac, please« in richtiger, schneller Aussprache hin. Sie verstand den kurzen Satz nicht, den sie selbst doch hundert Mal am Tag in die Küche ruft, und floh mit rotem Kopf nach hinten, um den Geschäftsführer zu holen. Die Bedienungen des amerikanischen Hamburgerbraters gehören also ironischerweise oft zu den seltenen Japanern, die nicht gleich bei einem Weißgesicht ihr Englisch auszuprobieren versuchen. Eisern bleiben sie bei ihrem höflichen Japanisch. Leider hat das weniger mit einem größeren Verständnis für das Bedürfnis der Ausländer nach Sprachpraxis zu tun, sondern nur damit, daß der Manager von hinten zuschaut, und sie nicht nur lächeln, sondern auch den vorgeschriebenen Standardtext wortgetreu zitieren müssen.

Japanische Videotheken bieten eine breite Auswahl an ausländischen Filmen. Nicht nur Hollywood-Schinken, auch französische oder chinesische Filme haben in Japan einen großen Verehrerstamm. Fast jeder Film steht in zwei Versionen im Regal, dem japanisch untertitelten englischen oder französischen Original und der japanisch synchronisierten Version. Ausgeliehen wird aber immer nur die Original-Version. Die synchronisierte Fassung steht wie Blei daneben und wird anscheinend erst dann gewählt, wenn alle Original-Versionen vergriffen sind. Heißt das, daß 90% der Videotheken-Benutzer amerikanische Englischlehrer sind, die klassische Gruppe der in Japan unzufriedenen Westler, die vor lauter Langeweile die ganzen Videos ausgeliehen haben? Nein. Es sind natürlich fast nur Japaner, die lieber zu der englischen Version greifen als zu ihrer Muttersprache.

Ist das nicht bescheuert? Mein schwedischer Freund würde jetzt sagen: »Nein, ihr in Deutschland seid bescheuert, daß ihr jede Serie synchronisiert. Wir Schweden können so gut Englisch, weil wir schon als Kinder im Fernsehen alles auf Englisch sehen. Außerdem ist das Original immer besser als die synchronisierte Fassung.« Da hat er recht. Und Japaner, nicht nur Studenten, sondern auch Geschäftsleute, Hausfrauen und Rentner, leihen sich genau aus diesen Gründen die Original-Fassungen aus: Sie wollen nicht nur Spaß haben, sondern gleichzeitig auch was für die Bildung tun. Quasi im Schlaf (= im Vergnügen) ihr miserables Englisch aufbessern. Einfach mitlesen – das Englisch wird schon unbewußt in den Kopf einsickern. Klingt plausibel. Nur leider scheint die »Englisch-im-Schlaf«-Methode nicht zu funktionieren. Es spricht zwar für die Japaner, daß sie auch einen von Hollywood unabhängigen Geschmack entwickeln, aber auch durch noch so intensives Filmschauen hat hier noch keiner Französisch oder Chinesisch gelernt. Würden die Japaner die Originalsprache der Filme auch nur ein bißchen verstehen, würden sie

sich lauthals beschweren müssen. Denn die japanischen Untertitler bevormunden die Zuschauer mit ihrer Wiedergabe der
ursprünglichen Dialoge derart, daß manche Ausländer von
»Zensur« reden. »Hey, you punk motherfucking asshole, I gonna
fuck you up« wird da zu einem lauen »Bakayaro« (»Blödmann«).
Wer darauf erwidert, daß das Original zu vulgär klingt, der sollte
sich solche Filme eben nicht anschauen.

Auch trauen die Untertitler ihren Landsleuten einfachste intellektuelle Fähigkeiten nicht zu. Das gilt vor allem für Humor und
Ironie. Ironische Bemerkungen im Original, die in vielen Filmen
das Salz in der Suppe ausmachen, werden garantiert humorfrei
wiedergegeben oder sogar erklärt. In einer 80er-Jahre-Komödie
aus Hollywood klopft ein Untergebener an die Tür des Chefs und
fragt »Dürfte ich vielleicht kurz stören?« Im Original antwortet
der Chef: »Meine Frau hat mir gerade mitgeteilt, daß sie sich
scheiden lassen will, meine Tochter ist mit einem Musiker abge-
hauen, und ich muß bis heute abend um sechs Uhr drei Millionen
auftreiben, aber Sie stören mich kein kleines bißchen.« In den
Untertiteln las man dagegen: »Nein, ich bin ein bißchen beschäftigt.«

Urlaub
Die Suche nach dem Vertrauten in der Fremde

**Erst die Nudelsuppe macht die Reise schön.
Der Eiffelturm steht in Düsseldorf.
Warum lange Reisen Gift für die Psyche sind und
was man dagegen tun kann.**

Reisen ist eines der größten Vergnügen, auch für Japaner. Aber Urlaub bedeutet für sie sofort auch eine große Bedrohung: Mehrere Tage frei, und das den ganzen Tag lang. Von morgens bis abends alleine mit sich selbst, ohne Beschäftigung. Die naheliegendste Gegenmaßnahme ist es da, diese unheimliche, freie Zeit so kurz wie möglich zu halten. Das ist neben der vielzitierten »Verantwortung gegenüber der Firma« wohl einer der Gründe, warum kaum jemand seinen gesetzlich zugesicherten Urlaub von bescheidenen zwei Wochen in Anspruch nimmt.

Die Standarddauer einer Inlandsreise beträgt zwei Tage, also eine Übernachtung. Dabei dauert alleine die Anreise von Tokio zu den heißen Quellen in den japanischen Alpen oder in Nordjapan, den beliebtesten Inlands-Reisezielen, schon vier bis fünf Stunden.

Der amerikanische Besitzer einer Pension in den japanischen Alpen antwortete in einem Interview auf die Frage: »Was ist das Seltsamste, das Sie je in Japan gesehen haben?« »Ich habe viel Seltsames gesehen, aber das Seltsamste von allem geschieht tagtäglich in meiner Pension. Sie soll ein Platz zum Ausspannen sein, eine Möglichkeit, Tokio zu entkommen. Aber meine japanischen Gäste wissen gar nicht, wie man ausspannen geht. Sie kommen sehr spät an, essen hastig zu Abend und fragen nach Karaoke. Das habe ich hier gar nicht. Die verschiedenen Reisegrüppchen wechseln nie ein Wort miteinander. Nach dem Essen gehen sie direkt auf ihr Zimmer, wo sie bis zum Frühstück am nächsten Morgen bleiben, das sie wieder sehr hastig essen. Dann checken sie aus und verschwinden. Im nächsten Jahr kommen sie wieder und tun genau das Gleiche. Seltsam!«

Das Anliegen, bloß nicht zu lange ohne den Schutz der eigenen Arbeit auskommen zu müssen, lassen sie sich einiges kosten. Eine solche Zwei-Tages-Fahrt zu einem Hotel an einer heißen Quelle in den Bergen kostet im Durchschnitt 30.000 Yen, davon schon alleine 15.000 Yen für den Zugfahrschein. Deutsche Touristen würden alleine wegen der hohen Anreisekosten schon ein paar Tage länger bleiben. Die übrigen 15.000 Yen sind der Preis einer Nacht im Doppelzimmer – natürlich nur für eine Person. Die Hoteliers orientieren den Zimmerpreis nicht an den tatsächlichen Kosten, sondern verlangen einfach, was die Tokioter zu zahlen bereit sind. »Die würden ja gar nicht kommen, wenn ich es billiger vermieten würde«, gab einer von ihnen in einem anderen Interview freimütig zu. Ausländische Touristen lockt diese Preiskalkulation allerdings nicht nach Japan.

Aber selbst zwei Tage sind schon eine kritische Zeitspanne. Wer da ohne führende Hand anreist, ist höchst gefährdet durch den langen Freiraum. So bekam ich, als ich einmal eine Übernachtung in einem Hotel in der Tempelstadt Nikko buchte, nicht nur eine normale Buchungsbestätigung, sondern das Reisebüro legte auch einen eigens computergenerierten, detaillierten Planungskalender bei, eine Grafik, auf der auf einem Zeitstrahl die folgenden Punkte markiert waren: »Erster Tag: 1. Anreise mit dem eigenen Auto. 2. Ankunft in Nikko. 3. Hotel. 4. Danach Zeit zur freien Verfügung. 5. Abendessen. 6. Übernachtung in gebuchtem Hotel. Zweiter Tag: 1. Frühstück. 2. Danach Zeit zur freien Verfügung. 3. Abreise mit dem eigenen Auto.« War der penetrante Hinweis auf die »Zeit zur freien Verfügung« etwa als gutgemeinte Warnung gedacht?

Bei dieser Umschreibung einer einzigen Übernachtungsbuchung im eigenen Land scheint die Vorstellung geradezu abwegig, daß ein Japaner alleine ins Ausland reist. Trotzdem gibt es solche Abenteurer, vorwiegend männliche Studenten mit Brille. Sie sind mit einem »Thomas-Cook«-Zugfahrplan ausgestattet, der in jeder japanischen Buchhandlung erhältlich ist und die Abfahrtszeiten jedes Bummelzuges in Europa akribisch verzeichnet. Im Hochsommer sitzen sie auf europäischen Bahnsteigen und blättern um

so verbissener in ihrem Fahrplan, je ausgelassener die jugend-
lichen Touristen aus dem Rest der Welt um sie herum lachen, flirten und Völkerverständigung feiern. Da vertrauen sich doch die
meisten Japaner lieber gleich einer Reisegruppe an.

Nichts hat das Bild der Japaner bei den Europäern mehr geprägt.
An überfüllten Orten wie dem Tokioter Hauptbahnhof spielen
meine europäischen Freunde und ich gerne »Reisegruppe«, um
uns nicht zu verlieren. Dabei hält einer eine Tasche hoch, geht
voraus und ruft: »Bitte folgen Sie dieser hellblauen Plastiktasche!«.
Die Japaner gelten unumstritten als die Witzfiguren unter all den
Touristen, die Europa im Sommer bevölkern, mit ihren Kameras
und der fähnchenschwenkenden Führerin im Stewardessenlook.
Europäer erklären sich das Phänomen der Reisegruppe gerne
damit, daß Japaner ohne Gruppe der fremden Sprache hilflos aus-
geliefert wären, sich wahrscheinlich nicht einmal einen Kaffee
alleine bestellen könnten. Aber auch durch ihr eigenes Land ziehen sie in Gruppen mit Reisebussen und unter dem Banner einer
bestimmten Fahne mit dem Emblem des Reiseunternehmens. Es
ist nicht so sehr die Angst vor dem fremden Ort, sondern die
Angst vor der unbekannten »Zeit zur freien Verfügung«, die sie in
die Arme einer schützenden, organisierten Ordnung treibt.

Vor mehreren Jahren war ich am Mashu-See auf der nördlichen
Insel Hokkaido. Ich hatte ein Foto des Sees in einem Reiseführer
gesehen und sofort beschlossen, einen Abstecher dorthin zu
machen. Der See liegt mitten in einem unberührten, tundraarti-
gen Waldgebiet im subpolaren Klima Hokkaidos. Ein uralter
Vulkankrater senkte sich im Laufe der Zeit ab und lief mit Wasser
voll. Er hat weder Zufluß noch Abfluß, so daß das Seeufer rings-
um steil ansteigt. Die Gegend um den See wurde zum
Nationalpark erklärt. Dementsprechend lockt die Schönheit der
Landschaft auch viele Touristen aus dem eigenen Land herbei. Sie
steigen aus dem Bus, immer den Führer mit Fähnchen voran, und
eilen sofort auf die zementierte Aussichtsplattform. Dort schauen
sie sich aber nicht etwa mit den eigenen Augen um. Nein, innerhalb von zehn Sekunden ist der Fotoapparat ausgepackt. Nicht
etwa die Schönheit der Landschaft lockt die Touristen an den

Mashu-See. Nein. Die Natur interessiert nur als exotischer Hintergrund für Porträtfotos und zwar immer mit demselben Hintergrundmotiv. Während ich versuchte, den See aus verschiedenen Blickwinkeln zu fotografieren, achteten die japanischen Naturfreunde genauestens darauf, daß jeder demokratisch an der gleichen Stelle festgehalten wurde. Praktischerweise macht die Parkverwaltung auf die Stelle für das Erreichen des schönsten Hintergrundmotivs mit einem Schild aufmerksam: »Foto-Schußstelle Mashu-See«. Meist stehen sie dann auch alle noch in der gleichen, verrenkt wirkenden Pose. Denn sobald der Fotograf »Tschiidsu« (Cheese) sagt, und das sagt er immer, winkelt der Fotografierte den rechten Arm leicht an und streckt zwei Finger der rechten Hand zur sogenannten »Victory-Geste« aus. Danach nimmt er selbst die Kamera in die Hand, und das Spiel beginnt von vorne, mit vertauschten Rollen, aber gleichen Posen, gleichem Hintergrund und gleichen Gesichtern. Damit ist der Outdoor-Teil des Nationalparkbesuchs bereits beendet. Die Gruppe stürmt hinein in das große Besucherzentrum. Zunächst werden Andenken an den atemberaubenden Besuch gekauft, vor allem Holzschnitzereien nach Art der Kunstwerke der ursprünglichen Bewohner von Hokkaido, dem Ainu-Volk. Mit dem Kauf solcher Souvenirs hat man auch schon den kulturellen Teil des Hokkaido-Besuches abgehakt. Aber die Ainu werden sich hüten, von der ehemaligen Kolonialmacht Japan mehr Respekt für ihre Kultur einzufordern. Ein Japaner, der einen einen Meter großen Holzbär, religiöses Kultsymbol der Ainu, nach Hause trägt, hat bei ihnen wohl genau den selben Status wie ein Japaner in Lederhosen bei den Bayern: Eigentlich wird er verachtet, aber weil er ordentlich Kohle daläßt, sagen wir ihm das nicht. Danach geht es endlich in das große Restaurant, wo die meisten eine »Ramen«-Nudelsuppe à la Mashu-See auswählen, die sich nur durch eine winzige Zutat vom japanischen Standardramen unterscheidet. Ich weiß nicht mehr genau, was die »Mashu«-Spezialzutat war, vielleicht Tannensirup oder Stücke von einem Fisch aus dem See. Auf jeden Fall bin ich mir sicher, wenn sie zu Hause gefragt werden: »Wie war die Reise?« antworten sie: »Toll! Stell dir vor, ich habe

Ramen mit Tannensirup gegessen!« und nicht: »Toll! Die Landschaft ist atemberaubend.« Nach dem Essen trotten alle auch schon wieder zum Bus, der sie zurück zum Hotel fährt.

Es gibt übrigens einen wunderschönen Wanderpfad, der einen in gut vier Stunden um den See herumführt. Die wenigen Leute, die mir entgegenkamen, waren natürlich alle Westler.

Trotz ihrer stückelesweisen Kurzzeitreiserei haben es die Japaner bereits geschafft, den Reiseweltmeister Deutschland einzuholen. Aber keine zwei Völker könnten auf eine gegensätzlichere Art Urlaub machen. Viele von uns suchen im Urlaub das Andere, das Neue, teilweise so extrem, daß es das Schlimmste ist, was einem Deutschen im Ausland passieren kann, auf einen anderen Deutschen zu treffen. Man möchte eben der einzige von knapp 85 Millionen Deutschen sein, der dieses letzte unberührte Fleckchen Erde entdeckt hat.

Die deutsche Suche nach dem Ursprünglichen schlägt sich in den Reiseführern nieder. Sie bestehen vor allem aus zwei Teilen, einerseits der Beschäftigung mit der Kultur und Natur des Gastlandes in Form von Baudenkmälern, Museen und Naturschönheiten. Andererseits wird den Orten Beachtung geschenkt, an denen man Kontakt zu Einheimischen findet: Kneipen, Diskos und der Geheimtip für die Bodega, in der garantiert nur lokales Publikum verkehrt. In der sitzt man dann mangels guter Spanischkenntnisse alleine vor seinem Rotwein und schreibt schließlich Postkarten, die die Befriedigung darüber ausdrücken, daß man ein so ursprüngliches, touristenfreies Lokal gefunden hat.

Japaner führen dagegen zwei andere Hauptgründe an, warum sie ins Ausland reisen: Einkaufen und Essen. Dahinter steht die japanische Reisemaxime: »Halte dich an das Vertraute!« Im Ausland ist diese Maxime naturgemäß schwieriger einzuhalten, weil die Römer einfach noch nicht überzeugt werden konnten, direkt im Kolosseum ein Ramen-Restaurant zu eröffnen. So bleibt nur das Lieblingshobby von 90% aller Japanerinnen unter 40: Shopping und Schaufensterbummel, und die männlichen Begleiter ziehen grummelnd mit.

Ich habe mir einen japanischen Städteführer für Mailand gekauft.

Nach einer kurzen Erwähnung des Doms, seiner Weltberühmtheit und anderer lokal interessanter Sehenswürdigkeiten folgt ein dicker, reich bebilderter Teil mit den örtlichen Einkaufsgelegenheiten. Pro Geschäft eine halbe Seite, links ein großes Foto der Eingangsfront mit Lageplan, rechts Name, Telefonnummer und die wichtigsten Artikel, der Preis bereits in Yen umgerechnet. Nicht mal Andenkengeschäfte mit lokaltypischen Souvenirs interessieren, sondern ausschließlich Mode- und Schmuckläden, die es identisch auch in jeder größeren japanischen Stadt und in Berlin, New York und Melbourne gibt.

Bei der scheinbaren Uniformität der Reiseziele mit dem vertrauten Heimatort, die zumindest Reiseführer suggerieren, war es nur logisch, daß die japanischen Kaufhausketten gleich selbst an den beliebtesten ausländischen Reisezielen ihre Filialen eröffneten. So gibt es die vertrauten Tokyu-Kaufhäuser nun auch in Honolulu, Bangkok und Singapur. Die Kaufhauskette Mitsukoshi hat sich sogar nach Deutschland gewagt, das die Sehenswürdigkeiten unpraktischerweise auf viele Orte verteilt hat, so daß das ganze Land nicht mit einer Stadt abgehakt werden kann wie bei London oder Paris. Geht man ins Düsseldorfer »Mitsukoshi«, sieht man gleich, daß deutsche Kunden nicht die zentrale Zielgruppe darstellen. Alles ist (meist ausschließlich) in Japanisch beschriftet. Neben typisch japanischen Produkten findet man hier Scheren aus Solingen und bayerische Bierkrüge als Mitbringsel. Dazu eine riesige Auswahl an Postkarten mit Motiven aus ganz Deutschland und Europa. So kann der Geschäftsmann beim dreitägigen Geschäftstrip, bei dem er aus Düsseldorf nicht herauskommt, ein eindrucksvolles Neuschwanstein oder den Eiffelturm nach Hause schicken und muß den Daheimgebliebenen nicht irgendein unbekanntes Haus aus dem noch unbekannteren Düsseldorf zumuten.

133

Müll
Parolen statt Mülleimer

Ein Tag im Leben eines Kaugummipapiers.
Die Natur kommt in der Stadt zu ihrem Recht.
Dafür kommen die Städter in der Natur zu dem ihren.
Die magische Zahl 13 und ein Lunchpaket.

Der japanische Pavillon auf der Weltausstellung 2000 in Hannover war bei den Deutschen äußerst beliebt. Nicht nur die wellenförmige Architektur des riesigen »Buckelwals« faszinierte die Besucher. Die umweltbewußten deutschen Besucher und Medien waren auch vom Baumaterial begeistert: Der Pavillon einschließlich der Streben bestand ausschließlich aus Papier – und zwar überwiegend aus Altpapier. So konnte sich Japan der langen Besucherschlange vor dem Pavillon als weltweiter Vorreiter des Umweltbewußtseins präsentieren. Auf großen Bildschirmen wurde das japanische System der Ressourcenhaltung vorgestellt. Alle fünf Meter stand den Wartenden ein metallisch glänzender Abfalleimer zur Verfügung, aufgeteilt in vier Fächer für Papier, Flaschen, Dosen und Sonstiges, was in vier Sprachen erläutert wurde.

Wir Bewohner Japans dagegen wären schon dankbar gewesen, wenn sie von den Papierkörben ein oder zwei mit nach Tokio zurückgebracht hätten. Denn im echten Japan stehen keine Abfalleimer auf den Straßen. Nicht in den Dörfern, nicht in den Provinzstädten und auch nicht in Tokio. Die öffentlichen Abfalleimer, denen ich bis jetzt außerhalb meines Wohnbezirks Shinjuku beim Reisen begegnet bin, kann ich alle persönlich mit Handschlag begrüßen: Es handelt sich um drei verrostete Gitterkörbe am Flußufer des Kamogawa in Kioto. Nur die allgegenwärtigen Getränkeautomaten bieten die Möglichkeit der Müllentsorgung, aber auch nur von Dosen. Diese Automaten haben runde Schlitze, in die man leere Dosen einschmeißen kann. Die Schlitze haben genau den Durchmesser der Dosen, die aus demselben Automaten kommen, damit man sich nicht erdreisten kann, eine woanders erworbene Dose (mit größerem Durchmesser) oder gar einen leeren Pralinenkarton hier einfach reinzustecken. Bei manchen Kombinis, die ohnehin mit ihren öffentlich zugänglichen Toiletten, Kartentelefonen und der Paketannahme als eine Art private Parallelinfrastruktur die Aufgaben übernehmen, bei denen Vater Staat sonst noch so versagt, stehen Mülleimer vor der Tür, die dann sogar nach Wertstoffen unterscheiden. So ist die Möglichkeit, unterwegs Müll zu entsorgen, von der Gefälligkeit einiger Privatfirmen abhängig und nicht etwa eine Selbstverständlichkeit.

Dabei schreien japanische Kekspackungen, Lunchpakete und eigentlich alle Produkte aus dem Kombini und dem Supermarkt geradezu nach Mülleimern. Das deutsche Umweltrecht bezeichnet mit dem Begriff der »Umverpackung« eine zweite und somit überflüssige Verpackung eines Produktes. Der Kunde hat das gesetzliche Recht, sie im Supermarkt zurückzulassen und ihn zur Entsorgung zu zwingen. In Japan dagegen müßte man zusätzlich noch den Begriff der »Umumverpackung«, der »Umumumverpackung« und manchmal auch noch der »Umumumumverpackung« einführen, was die Kassiererinnen unter Müllbergen begraben würde.

Ein winziges Schokoladenplätzchen ist in eine eigene, edel aussehende Hülle eingepackt. Die Hülle enthält nicht nur das Plätzchen, sondern auch noch ein kleines Tütchen mit dem Aufdruck »nicht eßbar«. Ei, was ist da denn Schönes drin? Ein »Feuchtigkeitsentzugspulver«, das das kostbare Plätzchen vor dem Durchweichen schützen soll. Im Karton hat jedes dieser kleinen Kekspäckchen sein eigenes, großzügig bemessenes Fächlein. Dicke Plastikschieber wahren diskret die Distanz zum Nachbarn. Der gesamte Kekskarton ist mit einer Klarsichtfolie umhüllt und wird als äußerste Schicht von einer glänzenden Aluminium-Papier-Verbundverpackung umhüllt, auf der das kleine Kekschen in zehnfacher Vergrößerung plötzlich wie ein ganzer Kerl wirkt. An der Kasse wird mir der Verkäufer schließlich meine Packung Kekse in eine eigene kleine Plastiktüte stecken, damit ich ja keine

Mühe mit dem Herumtragen habe. Manch Ausländer kauft sich eine Packung Schokoladenkekse für 300 Yen und ärgert sich dann, daß sechs winzige Plätzchen zum Vorschein kommen.

Den meisten Japanern ist die Menge dagegen egal. Nur wenige verdrücken beim Naschen Berge wie wir. Dafür wollen sie das Gefühl, etwas ganz Besonderes, Luxuriöses erstanden zu haben. Die Süßigkeiten schmecken allerdings recht gewöhnlich. Schweizer Schokolade oder auch »Ritter Sport« ist in vielen bessersortierten japanischen Supermärkten durchaus erhältlich und schmeckt im Vergleich zu mittelmäßigen japanischen Konfiseriekünsten unglaublich lecker. Aber für japanische Kunden, die ihrem eigenen Geschmack wohl weniger trauen als den Augen, hat der große Brocken Schokolade das Manko in nur zwei Schichten Papier eingewickelt zu sein. Doch der Verpackungswahnsinn hat noch einen zweiten Grund: Das Auspacken und Aufreißen macht an sich Spaß und ist mindestens so wichtig wie der Genuß der Süßigkeit selbst. Diese Gewichtung macht auch die oft aufgedruckte Gebrauchsanweisung deutlich: »1. Packung öffnen. 2. Schokolade essen.«

Welches Verhältnis man auch immer zu den Umverpackungen haben mag – nachher hat man sie auf dem Schoß oder in der Hand. Bei einem normalen Lunchpaket aus dem Kombini sitzt man nach dem Verzehr mit durchschnittlich 13 Einzelteilen Müll da, wie die Leserin einer Tokioter Stadtzeitschrift ausgerechnet hat. Und wohin damit, wenn es keine Mülleimer gibt? In Frankreich wäre der Gehsteig innerhalb eines Tages zentimeterhoch zugemüllt. Aber in Japan sind die Gehsteige meist auffällig sauber, was um so mehr verwundert, als man nie Straßenfeger sieht. Was machen Japaner denn dann mit den Verpackungen, ihren benutzten Papiertaschentüchern, gelesenen Werbezetteln, Getränkekartons und Kaugummis? Die Lösung: Sie nehmen sie mit nach Hause, wo sie alles in ihren eigenen Hausmülleimer schmeißen! Diese Disziplin ist erstaunlich. Eine Sekretärin ißt in Shibuya eine Schokoladenwaffel. Danach faltet sie das verschmierte Einwickelpapier sorgfältig zusammen, umwickelt es mit ein paar sauberen Papiertaschentüchern und legt es in ihre teuere Handtasche. Jetzt muß sie warten, bis sie zum Bahnhof kommt, falls sie dort noch an den Müll in ihrer Tasche denkt – auf manchen Bahnsteigen stehen nämlich Abfalleimer. Sonst fährt sie eben zwei Stunden mit dem Zug nach Hause und kann den Müll endlich in ihrer kleinen Vorortwohnung entsorgen.

Bevorzugt behandelt werden nur die Raucher. Für Zigarettenstummel und -asche steht fast an jedem Fußgängerübergang ein kleines Kästchen bereit. Der Behälter ist mit einer Metallplatte abgedeckt, in der so kleine Löcher sind, daß gerade nur eine Zigarettenkippe durchpaßt.

Die Japaner tragen also den Müll brav nach Hause und entsorgen ihn in den Hausmüll. Und den stellen sie, wenn er voll ist – auf die Straße. Auf die gleiche Straße, auf die sie vorher nicht mal ein Papierchen zu werfen gewagt hätten. So schließt sich der Kreis. Vor den meisten Häusern oder Geschäften ist einfach kein Platz für stabile Mülltonnen wie in Deutschland. Die Mülltüten werden zugebunden und vor die Tür gestellt. Die Gehsteige sind also frei von zerknüllten Papierchen, aber dafür versperren kindshohe Plastiksäcke den Weg. Nicht nur in der Straße, in der ich wohne, bleiben diese nicht lang in verschlossenem Zustand. Die vielen wilden Katzen, Krähen und anderes Getier riechen die Leckerbissen in den Tüten und zerfetzen sie so gründlich, daß die enge Gasse jeden zweiten Tag mit Abfall übersät ist. Erst am nächsten Morgen kommt die Müllabfuhr, die dann nicht nur die Plastiksäcke einladen, sondern auch noch zusätzlich die Straße säubern muß. Selbst dieser ausgesprochen unappetitliche Zustand vieler Straßen verleitet die Japaner nicht dazu, ihre Papierchen einfach auf die Straße zu werfen, weil es sowieso keinen Unterschied mehr machen würde. Nein, sie verhalten sich immer korrekt, Müll mit nach Hause, Müll in die eigene Mülltonne, Müll vor das Haus in der korrekt zugebundenen Mülltüte. Daß das Papier letzten Endes wieder auf der Straße landet, ist »höhere Gewalt«, eine Naturkatastrophe, auf die man keinen Einfluß hat.

Der einzelne Japaner bleibt immer der Verlierer in diesem unbeweglichen System. Damit die Tiere nicht in der Nacht an die Mülltüten gehen, hält ein Anschlag der Stadtverwaltung die

Bewohner meiner Gasse dazu an, ihren Abfall jeden Morgen genau zwischen sechs und sieben auf die Straße zu stellen, also erst unmittelbar bevor die Müllabfuhr kommt – in aller Herrgottsfrüh. In manchen Gegenden kommt es sogar noch schlimmer. Nach Karasuma beispielsweise, einem historischen Viertel Kiotos, kommt die Müllabfuhr nur ein- bis zweimal pro Woche. In der Zwischenzeit sollen Karasumas bemitleidenswerte Bewohner ihre winzigen Wohnungen mit stinkenden Abfällen zustellen, da in den Gassen natürlich kein Platz ist. In der kleinen Wohnung einer Freundin, die dort wohnt, sammeln sich bis zum Tag vor der Abfuhr jedes Mal drei riesige Müllsäcke an, die man jedes Mal wegräumen muß, wenn man die Toilettentür öffnen will.

In Bezug auf den Müll hat das unglaublich reiche Japan eine Infrastruktur auf dem Niveau eines Dritte-Welt-Landes. Dabei könnten sie leicht von den (ärmeren) Franzosen und Spaniern lernen. Auch diese stellen nämlich ihre Mülltüten ohne Schutz auf die Straße, aber lösen das Tierproblem durch einen genial einfachen Trick: Die Müllabfuhr kommt nicht erst am Morgen, sondern fährt schon am späten Abend durch die Straßen, um den Abfall des Tages einzusammeln. Aber anstatt daß in Japan einige Müllmänner Spätschicht schieben, sollen lieber Tausende von Anwohnern früher aufstehen.

Daß dieses ineffektive, fragile System nicht zusammenbricht, liegt alleine an der Müll-Disziplin des einzelnen Japaners. Allerdings ruht diese Disziplin nicht auf einem hehren Motiv wie Umweltschutz oder einem schönen Stadtbild. Der wahrscheinlichste Beweggrund ist, daß sie es nicht wagen, die Regeln zu brechen, solange andere Passanten oder die Nachbarn zuschauen. Auf der Toilette schaut einem niemand zu – wohl deswegen hängen in den Bahnhofstoiletten Schilder: »Bitte keinen Müll hineinwerfen.« Genauso wird in jedem öffentlichen Verkehrsmittel auffällig penetrant darauf hingewiesen, ja nichts liegen zu lassen. Klar »vergißt« man die ausgelesene Zeitung lieber im Gepäcknetz, als sie stundenlang in der Hand spazieren zu tragen. Und schließlich gibt es unglaublich viele Spezis, die ihren Abfall in den Körben abgestellter Fahrräder abladen. Müllkörbe, Fahrradkörbe, was macht das für einen Unterschied unter Freunden? Hauptsache der Müll landet in einem Gitterkorb und nicht auf der Straße.

Der heimliche Müll, den die anderen nicht sehen, erreicht schließlich Ausmaße, die man gut auf dem Berg Tsukuba vor den Toren Tokios studieren kann. Auf diesen eigentlich heiligen Berg führen nur kleine Schotterwege. Je weiter man aber in die Wildnis vorstößt, desto häufiger stauen sich am Wegesrand die Autos. Dutzende, Hunderte, sie stehen teilweise Stoßstange an Stoßstange. Diese Autos entpuppen sich bei näherem Hinschauen als Wracks. Wer sein Auto nicht mehr braucht, muß es eigentlich für 20.000 Yen verschrotten lassen. Wer die sparen will, schraubt die Nummernschilder ab und parkt es für immer auf dem heiligen Berg. So bleiben die Städte sauber, während die Natur zugemüllt wird. Aber Bäume können eben nicht petzen.

Um den Bahnhof Shinjuku herum beginnt das hybride japanische Müllsystem langsam zu implodieren. An diesem größten Bahnhof des Landes summiert sich selbst der kleine Anteil undisziplinierter Japaner zu einer in Kaugummipapieren und Zigarettenstummeln meßbaren Bedrohung der öffentlichen Ordnung. Deshalb erließ die Verwaltung des Stadtbezirks in guter alter Tradition eine Vorschrift und tat sie lautstark kund. Große Transparente hingen da an den Häusern, auf denen stand: »Laßt uns damit aufhören, Müll einfach auf die Straße zu schmeißen!« Dabei klingt die deutsche Übersetzung nur wenig ungelenker als die japanische Originalparole. Und vor allen Ausgängen des Bahnhofes und an großen Kreuzungen wurden Schilder aufgestellt: »Wir wollen Shinjuku schöner machen. Abfälle nicht in die Gegend schmeißen«, auf japanisch und auf englisch. Der Text war in eine polierte emaillierte Metallplatte eingelassen, auf der in einem Umgebungsplan offizielle »Verschönerungs-Zonen« eingezeichnet waren. Hier riskierte der, der etwas auf die Straße schmiß, sogar eine Geldstrafe von 20.000 Yen. Unklar ist, ob es außerhalb der Zonen straffrei blieb. Aber die tapfere Aktion wurde leider ignoriert. Nach wie vor waren Shinjukus Gebäudenischen, Blumenbeete und Fahrradkörbe mit Kaugummipapierchen und Getränkedosen der Einzeltäter übersät. Da vollbrachte die Ver-

waltung endlich einen historischen Kraftakt: Sie stellte Abfalleimer auf. Und, da wir hier in Japan sind, nicht irgendwelche
wackligen Plastikdinger. Wir privilegierten Bewohner von
Shinjuku haben jetzt elegant designte Stahlkonstruktionen in
grün und metallweiß, mit einem separaten Zigarettenfach an der
Oberseite. An den runden, modischen Einwurfschlitzen befinden
sich ausführliche Benutzungshinweise auf japanisch und englisch,
die staunenden Passanten erklären, worum es sich bei diesen futu-
ristischen Objekten handelt: »Mülleimer. In diesen Schlitz Müll
einwerfen.«

140

MÜLL

Big Brothers
Ist Gott eine japanische Firma?

Mitsubishi-Milch. VEB Bahngesellschaft.
Glück im Schoß der Ersatzfamilie.
Wie die Firmen das japanische Konsensbedürfnis
ausbeuten. Berufsweg der
Unterschicht: Halbsklaverei oder Prostitution

Viele kinophile Ausländer fühlen sich bei ihren ersten Schritten in den Innenstädten von Tokio oder Osaka an den Hollywood-Klassiker »Blade Runner« erinnert. Dieser Science-Fiction-Film spielt im Los Angeles des Jahres 2019, einer düsteren, unüberschaubaren Megalopolis mit kilometerhohen Wolkenkratzern. Mächtige Konzerne verbreiten über gigantische Leinwände an den Wänden der Wolkenkratzer und mobile, fliegende »Werbepanzer« ihre Werbebotschaften. Dieses Szenario ist in Japan schon heute Realität. Der Bahnhofsvorplatz von Shibuya in Tokio wird von drei Riesenleinwänden beherrscht, auf denen ununterbrochen Werbefilme laufen. Das Gelächter und Stimmengewirr tausender junger Menschen, die sich in diesem In-Stadtteil zu jeder Tages- und Nachtzeit treffen, verblaßt zu Hintergrundrauschen gegenüber der donnernden Stimme, die den ganzen Platz überschallt: »Auch junge Menschen können sich ihre Wünsche erfüllen – mit einem 200.000-Yen-Kredit von XYZ.« Die Stimme ertönt aus Lautsprechern neben einem fünf mal zehn Meter großen Bildschirm, auf dem fröhliche junge Leute in ein Flugzeug zum Reiseziel ihrer Träume steigen. Drei Gebäude weiter laben sich auf einer zweiten, gleich großen Leinwand zwei gutaussehende Frauen in überlebensgroßem Format an einem neuen Orangensaft. Ihr animalisches »Gluck, gluck, gluck – aah!« hallt über den ganzen Platz. In Deutschland hätte eine Lärmklage diesen Geräuschpegel nicht nur binnen drei Tagen zum Verstummen gebracht, die Tafeln wären wahrscheinlich erst gar nicht genehmigt worden. In Japan hingegen sind sie die Trophäen der Firmen:

Sie dominieren stolz die Innenstädte, so wie die Firmen, für die sie werben, das Land dominieren.

Die japanischen Unternehmen haben das Sagen im Lande Japan. Den Respekt der Japaner vor den Firmen sieht man schon den Werbeplakaten an, besser gesagt, man sieht es ihnen eben nicht an. Alle Plakate sind in tadellosem Zustand. Niemals wird man ein mutwillig zerrissenes oder beschmiertes Plakat finden, so dumm-dreist auch die Bilder und Botschaften zu Taten oder Kommentaren herausfordern mögen.

Die japanischen Konzerne müssen ihren Einfluß nicht verstek-ken. Sie posaunen ihn stolz allein schon mit ihrem Namen ungeniert in die Welt hinaus. Daher tragen fast alle Tochterfirmen den Namen der Mutterfirma und verwenden das gleiche Firmenlogo. Während man in Deutschland Mitsubishi nur als Autohersteller kennt, verkauft in Japan die Marke mit den drei Rauten nicht nur Autos, sondern bis vor kurzem auch gleich das Benzin dazu: Sie betrieb eines der größten Tankstellennetze im Land namens »Mitsubishi-Öl«. Nach wie vor stellt Mitsubishi Telefone, Video-recorder und vielerlei andere Elektroartikel her. Beim Blick auf eine Packung »Mitsubishi-Milch« mit dem vertrauten Firmen-logo und dem Schriftzug »Mitsubishi« darunter habe ich immer das Gefühl, die Milch müsse jetzt irgendwie metallisch oder »technisch« schmecken.

Während sich Mitsubishi als Auto- und Milchhersteller immer-hin noch mit ein paar anderen Konkurrenten arrangieren muß, beherrschen bei uns völlig unbekannte Firmen auf lokaler Ebene einzelne Gebiete in Japan derart erdrückend, daß selbst Volks-eigene Betriebe, Kibbuzim und Sowchosen noch nach Japan in die Schule der totalen Organisation des Alltagslebens hätten gehen können.

Der südliche Teil Tokios ist zu großen Teilen in der Hand eines der gigantischsten Firmenkomplexe dieser Art, der Firma »Tokyu« (von der Schreibweise her nicht mit »Tokyo« zu ver-wechseln!). Eigentlich ist Tokyu nur eine Bahngesellschaft mit sechs Bummelzuglinien in die südlichen Vororte Tokios, unter anderem zu meinem Arbeitsplatz. Aber mein Alltag mit Freund

Tokyu beginnt nicht erst am Bahnhof. Ich stehe auf in einer Wohnung, die mir die »Tokyu-Maklergesellschaft« vermittelt hat. Beim Abschluß des Mietvertrages mußte ich – wie in Japan üblich – gleichzeitig eine Feuerversicherung abschließen und hatte keine andere Wahl, als die überteuerte Police der »Tokyu-Versicherungsgesellschaft« zu nehmen. Auf dem Weg zum Bahnhof komme ich jeden Morgen an einer achtstöckigen Filiale von »Tokyu Hands« vorbei, einem trendigen Kaufhaus vor allem für wohlhabende, jüngere Singles, in dem man selbst Erdbebenstützen für Möbel als teure Designerware finden kann. Im Zug bricht dann endgültig das Tokyu-Inferno aus. Auf einem Werbeplakat schlägt mir die »Tokyu-Fahrschule« vor, doch bei ihr den Führerschein zu machen. Gleich nebenan werde ich aufgefordert, mehr Sport zu treiben – im »Tokyu-Fitneßclub«. Dem steuert aber sogleich die »Tokyu-Kabelgesellschaft« entgegen: »32 Fernsehprogramme – und Sie müssen nie mehr aus dem Haus.« Und die »Tokyu-Time-Sharing«-Gruppe (mit dem in Japan noch neuen Bauernfänger-Trick) versucht, mich ganz aus der Stadt zu locken: »Eine Woche im Jahr gehört der Familie – in Ihrer Time-Sharing-Wohnung in Kioto.« Das Auge sucht verzweifelt eine Ecke im Waggon, die nicht mit Werbung für Tokyu zugepflastert ist, und ruht schließlich auf dem Schild mit Waggontyp und -nummer in metallenen Lettern am Waggonende (Baujahr 1964, renoviert 1988). Aber nur drei Sekunden, denn hergestellt wurde der Waggon von – erraten – der »Tokyu-Waggonwerke AG.« Mir wird schwarz vor Augen. Ich muß zu einem Arzt und hetze aus dem Zug. Und da thront eine Klinik gleich vor dem Bahnhof – das »Tokyu-Krankenhaus«.

Dank billig erworbenen Landes zur Zeit der Erschließung der Bahnstrecken hat Tokyu den Südwesten Tokios im Griff; genauso beherrscht die Bahnlinie »Seibu« Tokios Nordwesten und die Firma »Kintetsu« die Gegend südlich der Linie Nagoja-Kioto-Osaka. Alle drei Lokalmonopolisten stampften auch noch Freizeitparks an den jeweiligen Endstationen ihrer Bahnlinien aus dem Boden, damit selbst das Geld fürs Wochenend-Vergnügen in der Familie bleibt.

So wie die Bahnlinien ganze Gegenden beherrschen, beherrschen Geschäfts- und auch Restaurantketten ganze Märkte nach dem Prinzip: Was Japaner in einer japanischen Stadt wollen, wollen Japaner in allen japanischen Städten. Hamburgerketten wie McDonald's machen da nur den Anfang. Jede noch so exotische Spezialität wird, wenn einigermaßen erfolgreich, gleich in einer standardisierten Kette vermarktet, wo die Speisekarte dann wirklich nur zwei oder drei verschiedene Gerichte zur Auswahl bietet. So spezialisiert sich eine Kette auf »Nudelsuppe auf Nagasaki-Art«, die man aus der Speisekarte in Sapporo genauso wie im 2.500 Kilometer entfernten Nagasaki auswählen kann. Eine andere Kette bietet ausschließlich »Thunfisch-in-Reis-Schüssel«, und für »Curry auf japanische Art« gibt es gleich mehrere Ketten.

In Japan geht man nicht einfach zum »Italiener«; man geht zu »Cappriciosa«, einer landesweiten Kette für Pasta und Pizza, deren Lokale alle gleich schummrig auf italienisch getrimmt sind: Auf Kirschholz-Furnier-Regalen stehen leere Chianti-Strohflaschen vor dem immer gleichen Kitschgemälde von Venedig. Wahrscheinlich wurde alles praktischerweise im Tausender-Pack in China geordert.

Auch Kneipen und selbst Diskos, die wir gerade wegen ihrer originellen, unverwechselbaren Atmosphäre aufsuchen, gibt es vor allem in Ketten, und immer mit identischem Interieur: Die »Bar, isn't it«-Clubs haben garantiert beige Wände und schwarze Metallic-Barhocker und in einer »Shirokiya«-Kneipe dürfen wir überall auf grüne Tische und graue Sitzkissen hoffen, aber nie auf Fenster. Wer im subpolaren Kushiro in einer Shirokiya-Kneipe Menüpunkt Nr. 57 »Regionale Spezialitäten: Frittierte Austern nach Osaka-Art« bestellt, merkt in keinster Weise, ob er vielleicht doch im tropischen Naha gelandet ist. Auch nicht, wenn er sich die anderen Gäste anschaut: In jeder Stadt nach der gleichen, neuesten Mode gekleidet, die gleiche Sitzhaltung, die gleichen Zigaretten, das gleiche Balzritual, die gleichen vom Alkohol roten Gesichter, so daß man sich langsam zu fragen beginnt, ob die Japaner vielleicht auch von einer Kette hergestellt wurden.

Die vielen Oligopole lassen echte Konkurrenz kaum aufkom-

men. Und die wenigen Konkurrenten bieten oft exakt die glei-
chen Bedingungen, so daß man meist nur zwischen Teufel und
Beelzebub wählen kann. Nichtalkoholische Dosengetränke zum
Beispiel haben einen landesweiten Einheitspreis. Man kann sie am
Automaten ziehen, man kann sie im Kombini kaufen, man kann
statt Pepsi Dosen-Kakao trinken oder von Asahi-Tomatensaft auf
Kirin-Orangennektar umsteigen – der Preis bleibt immer der
gleiche: Genau 120 Yen. Diese Preisabsprache würde dem Direk-
tor unseres Bundeskartellamtes einen Herzinfarkt bescheren. In
Japan dagegen wurden die Verbraucher 1998 mit einer großen
Plakataktion des Preiskartells eigens darüber infomiert, daß die
Dosen von 110 Yen auf nun 120 Yen um 10 Yen verteuert würden, höchstoffiziös, als handele es sich um die Ankündigung von
Steuererhöhungen im Bundesgesetzblatt. Auch Bier kostet immer
gleich: 230 Yen für die 0,33l-Dose. Meißeln wir diesen Preis ruhig
in Stein. Er gilt schon seit über 10 Jahren, und zwar für jedes Bier
aller Sorten der vier Quasi-Monopolisten, die 90 bis 100% des
Angebots in den Regalen der Kombinis und Supermärkte ausmachen. Man findet zwar auch etwas billigeres westliches Import-
bier und gräusliche Happoshu, »alkoholische Hopfenschaum-
getränke«, aber es hilft kein Zetern und kein Wehklagen: Unter
einem Euro kriegt man in diesem Land kein Bier.

Nicht nur die Konkurrenz, sondern auch ihre Arbeitnehmer
haben die Firmen fest im Griff. Der Topos von der japanischen
Firma als »Familie« ist bereits bis in den Westen vorgedrungen und
gilt als eine Erklärungsmethode sowohl für die Überlegenheit der
japanischen Wirtschaft als auch für die unfreie Persönlichkeit der
Japaner. Beides stimmt. Die Arbeitnehmer als »Familienmitglie-
der« sind gegenüber ihrer Firma bedingungslos loyal, unter anderem, indem sie auf ihren Urlaub so gut wie verzichten, indem sie
von dissonanten Kommunikationsformen wie Streik die Finger
lassen und indem sie insgesamt bereit sind, ihr Leben dem Fir-
menwohl zu opfern. Die Familie »Firma« ist wichtiger als die
echte, eigentliche Familie, als Frau und Kinder. Oft wagen sie es
nicht, ein Trinkgelage mit dem Chef nach Feierabend zugunsten
der »richtigen« Familie zu schwänzen. Dafür erhalten sie den gan-

zen Schutz der Firma, nicht nur während der Arbeitszeit, sondern auch im Privatleben. Die Firma überschüttet sie mit Geld, damit sie stillhalten, damit sie nie auf den Gedanken kommen, ein wichtigeres Lebensziel zu suchen als das Wohl ihrer Firma (und eventuell der eigenen Karriere). Dieses Geld reichen sie an Frau und Kinder weiter, damit auch diese nicht auf die Idee kommen, nach einer interessanteren Lebensform als der der virtuellen Familie mit der ständigen Abwesenheit des Vaters zu suchen.

Den Festangestellten zahlt die Firma nicht nur Gehalt, sondern oft auch die ganze Wohnungsmiete (ein enormer Batzen: im Durchschnitt 30-50% des Gehaltes), Versicherungen und Monatskarten für die Bahn. Bei höheren Angestellten ist die Mitgliedschaft im Golfclub und das hohe Schulgeld für die Kinder ein selbstverständlicher Beitrag zum privaten Glück des Mitarbeiters. Für alleinstehende Mitarbeiter wird der Chef alles versuchen, um eine passende Frau zu finden, die sie später doch kaum sehen werden. Die Hochzeitskosten übernimmt dann natürlich die Firma.

Auf diese Weise suggeriert der japanische Großkonzern seinen Mitarbeitern: Warum wollt ihr euer eigenes Leben leben? Bleibt in unserer Geborgenheit, dann werdet ihr glücklich! WERDET GLÜCKLICH! Insofern erinnert die japanische Großfirma in ihrer Struktur an eine der autoritären Gesellschaften in düsteren Zukunftsromanen wie »1984«. Wer sich dem System fügt, erhält Glück; wer sich wehrt, ist bedingungslos verloren. Bloß gibt es in Japan zur Zeit noch ein gesellschaftliches System außerhalb beziehungsweise oberhalb der Firmen. Dieses gesellschaftliche System heißt »Japan«. Aber das Vaterland scheint sich eben nicht um seine Kinder zu kümmern, wenn Firmen dazu in der Lage sind, mit ein bißchen »Ersatz-Familien«-Getue die Seele der Arbeiter zu kaufen. Wer nicht bei einer der großen Firmen (oder beim Staat selbst) arbeitet, fällt durchs Netz. Die staatliche Grundrente ist am sonstigen Preisniveau gemessen lächerlich gering (1997: 65.458 Yen bei 40jähriger Beitragszahlung). Deswegen sieht man oft Greise und Greisinnen, die Bahnsteige sauberhalten oder als Pförtner arbeiten. Andererseits wird schon für staatliche Schulen Schulgeld verlangt (5.000 Yen im Monat beispielsweise für ein Städtisches Gymnasium in Tokio).

Immerhin werden Sozialwohnungen gebaut und zwar bevorzugt in den besten Lagen, wie ich bei meiner eigenen Wohnungssuche auf dem Städtischen Wohnungsamt erfahren konnte. So hat die Stadt Tokio im superzentral gelegenen Vergnügungs- und Geschäftsviertel Roppongi den luxuriösen Gebäudekomplex »Roppongi View Tower« erstellt. Eine 1-Zimmer-Wohnung mit 35 m² ist erst ab 120.000 Yen im Monat mietbar. Dieser Gebäudekomplex wird tatsächlich offiziell in der Liste der öffentlichen Sozialwohnungen geführt. Der Wohnungssuchende muß auf dem Wohnungsamt allerdings nicht wie bei uns, seine soziale Bedürftigkeit nachweisen, bei der sein Einkommen unter einer Höchstgrenze bleiben muß. Nein, in Tokio muß man ein Mindesteinkommen in Höhe der vierfachen Miete nachweisen, um zu zeigen, daß man sich die Sozialwohnung wird leisten können.

Mit dieser Sozialpolitik stößt das japanische Vaterland viele seiner Kinder in die Unterklasse. Und zwar in Sippenhaft, denn wenn die Eltern eine einfache Arbeit haben, haben sie kein Geld, um die Kinder auf eine Uni zu schicken, also werden die Kinder auch wieder gezwungen sein, eine schlecht bezahlte Arbeit anzunehmen und so fort. So bildet sich in Japan zumindest in den Städten langsam ein regelrechtes Proletariat wie im Frühkapitalismus im Europa des 19. Jahrhunderts heraus, ohne Wohlstand und ohne Aufstiegschancen. Und die Gesellschaft wäre schön blöd, würde sie etwas dagegen tun. Denn dieses Proletariat ist dringend nötig, um den Reicheren ihre Privilegien zu sichern. In einem Land, in dem Liftgirls den Kunden das Drücken des Aufzugknopfes abnehmen und selbst bei Bauarbeiten auf Gehsteigen ein Arbeiter ausschließlich mit der »Umleitung« der Fußgänger beschäftigt ist, besteht Bedarf an Millionen ungelernten Arbeitskräften. Da kommen die Unterschichtler gerade richtig. Sie sind nicht halbe Analphabeten und Schulabbrecher wie in den USA. Nein, sie haben gerade ihr Abitur gemacht, aber einfach kein Geld für die Universität. So werden sie in die sogenannten »Friita«-Jobs (von englisch »free« und deutsch »Arubaita«) richtiggehend hineingepreßt.

Shizuka, 23, seit vier Jahren Kellnerin, erzählt: »Ich habe noch nie auch nur eine Woche Urlaub genommen in den vier Jahren. Die geben mir einfach keinen. Sie brauchen mich. Ich habe eben Verantwortung gegenüber der Firma. Schließlich bekomme ich ja auch 900 Yen in der Stunde. Das kriegen nur die Besten. Der normale Lohn ist 850 Yen. Wovon sollte ich auch in Urlaub fahren? Das Geld reicht gerade für die Miete und für das Essen.« (Trinkgeld, die Haupteinnahmequelle von Kellnern in anderen Ländern, ist in Japan völlig unüblich). Natürlich braucht Shizukas Arbeitgeber sie nicht wirklich. Wenn sie kündigt, finden sich hundert andere, die den Job machen.

Keine Firma wäre so blöd und würde den Friitas nur ein einziges der Rechte einräumen, die die festangestellten Kollegen bekommen. Nur durch die billigen Friita-Löhne können die Firmen die Privilegien der Festangestellten halten und gleichzeitig garantieren, daß die Preise nicht ins Uferlose steigen.

In Deutschland ist das Stundenlohn-basierte Jobben hauptsächlich eine Nebenarbeit von Studenten oder Hausfrauen. In Japan aber ist diese Arbeit die Vollzeittätigkeit für Millionen von Twens aus der Unterschicht. Tagaus, tagein gehen sie wie ihre festangestellten Kollegen schaffen, von morgens bis abends, Woche für Woche, Jahr für Jahr. Ohne jede Aufstiegsmöglichkeit, ohne Arbeitsvertrag, ohne irgendwelche Rechte. Warum stehen die Friita nicht auf und kämpfen für bessere Arbeitsbedingungen, fordern Verträge? Zum einen trösten sie sich damit, daß sie irgendwann damit aufhören, nächstes Jahr, übernächstes Jahr, aber zumindest, wenn sie heiraten. Und so warten sie Jahrzehnte auf Godot. Vor allem aber halten sie ruhig, weil sie sich wie die festangestellten Kollegen kollektiv das Gehirn haben waschen lassen. Die Firmen haben es schon geschafft, Japanern insgesamt die bedingungslose Aufgabe und Unterordnung des Selbst als allgemeinen ethischen Grundsatz unter dem Etikett »Verantwortung« anzudrehen. Dabei haben auch Firmen Verantwortung. Sie müßten bedingungslose Loyalität eigentlich mit bedingungsloser Fürsorge erwidern.

Ich frage Shizuka: »Warum gehst du nicht zur Gewerkschaft?« Sie

lächelt verlegen. Ich hake nach: »Du weißt doch, was ›Gewerkschaft‹ bedeutet, oder?« Sie: »Das Wort habe ich schon mal
gehört. Aber sonst habe ich keine Ahnung.«

Wer sich mit dem erbärmlichen Leben in der Unterschicht nicht
abfinden will, hat nur eine Chance, allerdings nur als jüngere Frau
um die 20. In unterschiedlichen Abstufungen können sie in
sogenannten »Clubs« arbeiten. Entweder sie plaudern einfach nur
mit Männern als »Hosteß«, oder sie strippen, oder sie bieten eine
Massage mit anschließender manueller Befriedigung des Kunden
oder schließlich »echten« Sex an. In all diesen Varianten kann eine
junge Frau ohne Mühe das Zehnfache ihrer ehrbaren Kellner-
Kollegin verdienen – und im dem Thema Sex gegenüber traditionell offen eingestellten Japan beginnen damit auch Hundert-
tausende von Mädchen schon während ihrer Gymnasialzeit. So
stößt die japanische Gesellschaft sehenden Auges einen Teil ihrer
Kinder entweder in die Halbsklaverei oder in die Prostitution.

Mitarbeiter und Konkurrenz sind ruhig gestellt. Jetzt quält die
japanischen Konzerne nur noch ein unberechenbarer Faktor: der
Verbraucher. Dieser ist in Japan wie in jeder Marktwirtschaft die
wichtigste Finanzquelle, der Daseinszweck einer Firma, und verdient daher ihren höchsten Respekt. Diese Philosophie drücken
japanische Händler mit dem Spruch »Der Kunde ist Gott« aus,
aber wahrscheinlich denken sie dabei an einen der unwichtigsten
der 32.000 Naturgötter der heimischen Schinto-Religion, etwa
auf dem Niveau »Gott des Kieselsteins« oder »Gott des verbliche-
nen Grashalms«. Denn die Firmen in Japan haben es geschafft, den
Verbrauchern einzureden, sie seien lästige Bittsteller, die die
Gnade haben, ein Produkt kaufen zu dürfen. Neidisch schielen da
die deutschen Firmen, die sich mit Umweltgesetzen, Sitzblocka-
den, Kaufboykotten und Preisbrechern wie »Aldi« und »Wal-
Mart« herumärgern müssen, nach Japan.

Meine träumerischen Vorstellungen von meiner Position als
Kunde stutzte mir die Mobiltelefongesellschaft »J-Phone« schnell
auf asiatisches Maß zurecht. Drei Wochen, nachdem ich einen
Handy-Vertrag abgeschlossen hatte, funktionierte mein Telefon
plötzlich nicht mehr. Egal, welche Nummer ich wählte, ich erhielt

die Ansage »Bitte rufen Sie die Nummer xxx-xxx an.« Ich dachte an einen Irrtum und rief von einem öffentlichen Telefon aus
die angegebene Nummer an. Eine höfliche Stimme verband mich
nach Angabe meiner Handy-Nummer mit einer fachkundigen
Dame. Im Gegensatz zu der Dame in der Vermittlung gebrauchte meine jetzige Gesprächspartnerin ein ziemlich grobes, unhöf-
liches Japanisch vom ersten Wort an, ungefähr auf dem Niveau,
das Polizisten gegenüber Gesetzesbrechern an den Tag legen.
Nein, es handele sich keineswegs um einen Irrtum. Mein Telefon
sei bis auf weiteres gesperrt worden, weil ich die Rechnung nicht
bezahlt habe. Es hätte nur noch gefehlt, daß sie mich duzt (Im
Japanischen gibt es ähnlich feine Unterscheidungen bei der
Anrede).

Ich war als böser Zechpreller identifiziert worden. Ich war nicht
mehr Kunde, ich war ein Erziehungsgegenstand. Dabei hatte ich
bei Vertragsabschluss auf Rat des Verkäufers die Zahlungsweise
per Bankeinzug gewählt und meine Kontoverbindung mit Unterschrift angegeben, gerade um von Rechnungsscherereien verschont zu bleiben. Erst beim Gespräch mit der J-Phone-An-
gestellten stellte sich heraus, daß meine Bank den Gebühren-
einzug verweigert hatte, weil ich mein Konto dort nicht mit
handschriftlicher Unterschrift, sondern mit meinem in Japan
üblichen Namensstempel eröffnet hatte. Weder die Bank noch J-
Phone hatten mich über dieses kleine Mißgeschick informiert.
Stattdessen flatterte mir eine Rechnung und zwei Tage vor der
Sperrung des Telefons eine Zahlungserinnerung ins Haus, beide
Briefe ohne irgendeine Erklärung, warum ich jetzt doch selbst
zahlen sollte. Und weder auf der Zahlungserinnerung noch auf
der Rechnung hatte irgendetwas von »Sperren des Anschlusses«
gestanden. Also meinte ich zu der Dame mit ihr ebenbürtiger
Direktheit: »Was fällt Ihnen ein? Ich habe den Vertrag erst vor ein
paar Wochen geschlossen. Da können Sie doch nicht so einfach
bei einer Woche Zahlungsverzug die Leitung sperren! Schließlich
haben Sie mich ja nicht mal schriftlich oder mündlich vorge-
warnt.« Sie: »Das müssen wir nicht. Schauen Sie gefälligst in
Paragraph 9 des Vertrages nach, den Sie mit uns geschlossen

haben. Da steht: ›Bei Zahlungsverzug steht es J-Phone jederzeit frei, den Zugang zum Netz zu unterbrechen.‹ Wir müssen Sie nicht vorwarnen.« Paragraphenreiterin, dachte ich. Aber ich kann unmöglich eine Woche ohne Telefon leben. So lange, meinte sie, würde das Verbuchen und Registrieren der Einzahlung nämlich dauern. In solchen Fällen helfen in Deutschland meist zwei Strategien. Die erste ist die ranschmeißerische: »Könnten Sie nicht vielleicht die Leitung wieder in Betrieb nehmen? Ich gehe sofort zur Bank und zahle das Geld ein.« – »Nein, solange der Eingang nicht bestätigt ist, dürfen wir Ihr Telefon nicht wieder anstellen.« Und dann die Drohungs-Strategie: »Ich benutze das Telefon auch für geschäftliche Zwecke. Wenn mir wegen Ihrer Sturheit irgendein finanzieller Schaden entsteht, werde ich Sie dafür haftbar machen. Also nehmen Sie gefälligst sofort das Telefon wieder in Betrieb.« – »Nein«, erwidert sie lakonisch, ohne weitere Erklärung. Schließlich kam ich auf die rettende Strategie, das heißt, eigentlich erwies sich die Strategie erst im nachhinein als rettend: »Ihr Handeln widerspricht dem Bürgerlichen Gesetzbuch.« – Ausnahmsweise hatte ich diesen Fachbegriff gerade auf Japanisch parat. – »Haben Sie eigentlich schon mal vom rechtlichen Begriff des ›Treu und Glauben‹ gehört?« – Ich hatte ihn zumindest auf Japanisch noch nie gehört, improvisierte einfach freihändig. – »Auch unser geschlossener Vertrag, aus dem Sie den Paragraph 9 zitieren, basiert auf dem Bürgerlichen Gesetzbuch. Ihr Handeln ist demnach illegal. Nicht nur ich habe nämlich Pflichten, auch Sie als Vertragspartner haben welche. Und zwar die, daß der Kunde sich nämlich aufgrund von ›Treu und Glauben‹ darauf verlassen können muß, daß er sein Telefon benutzen kann. Sie haben demnach gegen das Gesetz verstoßen.« Hiernach mußte ich keine Forderung mehr stellen, die Frau war baff genug. Sie schluckte und meinte: »Wenn Sie mir versprechen, daß Sie die Summe sofort einzahlen, dann können Sie Ihr Telefon in einer Stunde wieder benutzen.« Ich versprach es bei der Glaubwürdigkeit des derzeitigen japanischen Ministerpräsidenten, und das Telefon ging noch am selben Nachmittag wieder. Wünsche, Bitten, Drohungen des Kunden waren der Dame schnurzpiepegal – und sie mußte nicht mal so tun, als wären sie es nicht. Nur beim Wort »illegal« horchte sie auf. Denn wenn sie das japanische Gesetz bricht, muß sie es ja nicht vor mir, dem rechtlosen Kunden, sondern vor dem Staat und ihren Vorgesetzten verantworten. Natürlich habe ich keine Ahnung, ob das japanische Recht tatsächlich den Begriff von Treu und Glauben kennt (in der Tat aber wurde das japanische in großen Teilen dem deutschen Bürgerlichen Recht nachgebildet). Entscheidend ist, daß diese Paragraphenreiterin diesen Begriff auch nicht kennt. Wahrscheinlich sind die einzigen Texte, die sie in ihrem ganzen Leben gesehen hat, und die nicht aus einer Frauenzeitschrift stammten, die neun Paragraphen aus dem J-Phone-Knebelvertrag.

Der Grund für die Passivität der japanischen Verbraucher gegenüber der Manipulation durch die Firmen liegt in der unheilvollen Kombination von Obrigkeitshörigkeit und Konsensbedürfnis. Zum einen gilt: Was von oben kommt, stimmt. Da fragt man nicht nach. Ob es ein staatliches Gesetz ist oder eine Durchsage des S-Bahn-Schaffners: Was sie sagen, ist richtig. Und wenn die Firma

sagt, Ihr Telefon ist gesperrt, weil wir das so entschieden haben, dann reicht den meisten das. Dazu kommt das Konsensbedürfnis. Lieber den Ärger herunterschlucken, als einen Konflikt heraufzubeschwören. Das mag zwischenmenschlich sicher oft notwendig sein, aber im Kontakt mit einer abstrakten Institution kann man dabei nur verlieren. Leider wird auch die abstrakte Institution Firma von konkreten Menschen repräsentiert – und wohl genau das löst den Konsensbedürfnis-Mechanismus aus. Auf ihre »Konsens-Gesellschaft« sind die Japaner eigentlich stolz. Bloß werden sie genau durch dieses Konsensbedürfnis von den Firmen an der Nase herumgeführt. Sie jammern viel über den Verlust ihrer kulturellen Grundpfeiler. Aber es ist nicht das Schreckgespenst Westen, es sind die eigenen Konzerne, die diese ureigenen Werte pervertieren, indem sie sie als Mittel zur Steuerung der Verbraucher und auch der Mitarbeiter mißbrauchen. Reich und brav. So entwickelten sich japanische Verbraucher zum Traum eines jeden Kapitalisten.

Die Konditionierung in ihrem eigenen Land erklärt, warum japanische Touristen so sehr von Souvenirverkäufern auf der ganzen Welt geliebt werden. Sie zahlen ohne Meckern die überhöhten Preise (die Deutsche auf ein Viertel herunterhandeln), und sie meckern nicht über Fehler, sondern danken dem italienischen Halsabschneider auch noch mit einem Lächeln dafür, daß er sie ausgenommen hat. Wenn sie wieder in Japan sind, klagen sie dann lauthals, daß sie auf ihren Auslandsreisen so oft übers Ohr gehauen werden. Aber sie haben noch nicht verstanden, daß sich die Händler der Welt nur in das in Japan gemachte Nest setzen.

Flirt
Die Sau rauslassen, aber ordentlich

**Casanovas Methoden brandaktuell.
Der obligatorische Besuch im Spielecenter
vor dem One-Night-Stand. Romantik ist
nur ein Wort, nämlich das Wort »Nein«.
Gelbe Taxis auf Hawaii.**

Parties in Japan scheinen keinen Spaß zu machen. Der Partygast muß unbedingt pünktlich erscheinen und sitzt klaustrophobisch dicht gedrängt den ganzen Abend neben den gleichen Sitznachbarn an einem Tisch in einer Kneipe oder einem Restaurant. Man trinkt nicht soviel man möchte, sondern soviel einem die anderen vorschreiben. Zu einer vorgeschriebenen Zeit, nämlich der des Endes der Tischreservierung, muß man die Party verlassen und kommt bei den hohen Bierpreisen leicht auf eine Rechnung von über 3.000 Yen. Diese Art von Party, Kompa genannt, ist der Horror, geradezu die Negation des Begriffs »Feiern«. Bei den berüchtigten firmeninternen Zwangs-Parties, bei denen alle den letzten Zug verpassen, weil der Chef gerade in Trinklaune ist, scheint Masochismus die wahre Triebkraft des Feierns zu sein.

Die Kompas der jüngeren Japaner haben nur den äußeren Anschein mit den Business-Trinkgelagen ihrer Väter gemein. Ihr wahres Motiv schockt Europäer, die das Bild vom höflichen, zurückhaltenden Japaner auf dessen ganzes Menschsein übertragen haben. Dieses Motiv ist die Verkuppelung von Unbekannten, die nach einem neuen Sexpartner suchen.

Ohne Frage ist die Möglichkeit eines Flirts auch ein Hauptgrund, warum Menschen in anderen Ländern Parties besuchen. Aber es ist eben nur einer der Gründe neben dem Wunsch, mit Freunden zusammenzusein, ordentlich zu trinken oder zu tanzen. Und selbst wenn die Partnersuche eine zentrale Rolle auf den Parties der westlichen Jugendlichen spielt, so doch nicht derart ungeschminkt zielgerichtet mit der einzigen Absicht, noch am gleichen Abend einen neuen Mann oder eine neue Frau ins Bett zu bekommen.

Darauf aber läuft die »Gokon«, die beliebteste Form der Verkuppelungs-Parties, hinaus. Nicht umsonst bedeutet »Gokon« wörtlich übersetzt »Verbindungs-Party«. Eine Gruppe Männlein wird mit einer Gruppe Weiblein im wahrsten Sinn des Wortes verbunden, damit sich danach je zwei Partyteilnehmer miteinander verbinden können. Auf dieses zweite Verbinden ist der gesamte Ablauf der Party ausgerichtet. Konsequent lassen in der letzten Zeit immer mehr Gokons auch die letzten Hüllen der Scham fallen und werden von vorneherein als »Yarikon«, »Sex-Kompa«, annonciert.

Ob sie nun »Gokon« oder »Yarikon« genannt wird, die Party ist auf jeden Fall formal streng organisiert. Bis ins Detail ist der Ablauf geplant und vorhersagbar, was im Widerspruch zu dem freiwillig und gewagt scheinenden Endzweck steht. Eine unbedingt genau gleiche Anzahl von Männern und Frauen trifft sich in einer Kneipe. Meist wird die Gokon von zwei Bekannten organisiert, einem Mann und einer Frau, die jeweils einige ihrer abenteuerlustigen Freunde einladen, die sich jedoch tunlichst untereinander nicht kennen sollten. Freundschaftliche Bande würden hier nur stören. So trifft ein Sportzirkel eines Jungen- den eines Mädchengymnasiums, oder Sekretärinnen der Firma A die jüngeren Angestellten der Firma B. Alle Teilnehmer erscheinen pünktlich, um von Anfang an auf dem Markt präsent zu sein und weil der Tisch nur für eine begrenzte Zeit reserviert wurde. Möglichst gemischt werden Männer und Frauen plaziert, damit schon unter den Sitznachbarn eine Vorauswahl getroffen werden kann. Gespräche spielen keine Rolle. Der Abend wird im wesentlichen von Partner-Spielen bestimmt. Nach kleinem Vorgeplänkel beginnt man für gewöhnlich mit dem Feuerzeug-Spiel. Dieses Spiel hat den Zweck, ein allgemeines Grundniveau an Betrunkenheit herzustellen, damit die Hemmungen für die folgenden gewagteren Spiele verschwinden. Der Reihe nach wird ein Feuerzeug durchgegeben. Jeder muß versuchen, es zu zünden. Der, bei dem es nicht zündet, muß ein Glas Bier oder einen

Cocktail auf Ex trinken. So einfach geht das. Schon in dieser Phase ist man geneigt zu kritteln: Können die nicht einfach trinken, wenn sie wollen? Offensichtlich müssen sie selbst dazu gezwungen werden. Naja. Das Feuerzeug-Spiel geht eine Zeitlang weiter, bis alle versorgt sind. Dann ist Zeit für den Dreh- und Angelpunkt jeder Gokon, das »Königsspiel«, einer effektiveren Version unseres »Flaschendrehens«. Der Reihe nach wird ein Teilnehmer zum König ernannt, der nun allen anderen Befehle erteilen darf, die sie unbedingt ausführen müssen, so sehr es ihren Prinzipien, ihrer Prüderie oder Scham auch widerspricht. Obwohl sich alle längst mit Namen vorgestellt haben, erhalten sie nun eine laufende Nummer. Die Nummern werden wie die Rolle des Königs über entsprechend markierte Eßstäbchen zugeteilt, so daß eigentlich niemand wissen kann, wer welche Nummer hat. Theoretisch kann also der Befehl »Nr. 3 küßt Nr. 2« auch zwei Jungs treffen, die dann unerbittlich Folge leisten müssen. In der Praxis ist es aber so, daß sich Männer wie Frauen untereinander per Geheimzeichen unter dem Tisch ihre Nummern

übermitteln und diese Information dann auch dem König, der ja schließlich ihr wohlwollender Kumpel ist, durch ähnliche Geheimzeichen (mit dem Finger in die Handfläche malen etc.) mitteilen. Das anonymisierte Ansprechen dient wohl in erster Linie dazu, die persönliche Verantwortung für die nun folgenden Peinlichkeiten von den Schultern der Teilnehmer zu nehmen. Zunächst wird noch eine Zeit lang das Trinken forciert: »Nr. 3, trink das Glas von Nr. 5 auf Ex aus!« Dann kommt ein bißchen Körperkontakt hinzu: »Nr. 5 küßt jetzt Nr. 4 auf die Wange.« Schließlich geht es aufs Ganze: »Nr. 8, nimm einen Schluck Bier und gib Nr. 4 aus deinem Mund zu trinken.« Gekicher, Protest, aber natürlich wird der königlichen Order unter allgemeinem Geglucke Folge geleistet, selbst wenn sich Nr. 8 mittlerweile einen ganz anderen Wunschpartner ausgeguckt hat. Das Königsspiel dauert ein, zwei Stunden und läuft dann allmählich auf den Höhepunkt zu: »Nr. 5 geht mit Nr. 6 aufs Klo und hat dort für zwei Minuten ›free time‹ – Zeit zur freien Verwendung.« So werden nacheinander einige Paare gemeinsam entweder auf die

Toilette oder vor die Tür geschickt und können (Befehl ist Befehl!) je nach Mut, Trunken- und Offenheit bereits einen Teil ihrer geplanten Projekte verwirklichen. Auch bei noch so heftigem Begehren darf keiner die Party vorzeitig verlassen. Gerade den Mädchen wäre es peinlich vor ihren Freundinnen, alleine mit einem Typen abzuhauen – auch wenn sie genau das fünfundvierzig Minuten später alle tun werden. In dieser verbleibenden Restzeit sitzen die meisten Paare schon mehr oder weniger knutschend am Tisch. In dieser Atmosphäre findet dann das »Steigerungsspiel« statt. Der Reihe nach müssen Pärchen etwas tun, das noch gewagter ist als die Aktion des vorangegangen Pärchens. Den Startschuß kann diesmal jeder Teilnehmer erteilen. Masao hält mit Aki Händchen. »Steigerung!« schreit Masaos Freund Tomohiro. Das Pärchen rechts neben Masao und Aki muß sich jetzt mindestens ein Küßchen geben. Von den nächsten zwei verlangt das ungeschriebene Gesetz dann schon einen innigen Zungenkuß. Wer eine weitere Steigerung nicht schafft oder nicht wagt, verliert und muß als Strafe wieder sein Glas auf Ex trinken. In dieser Atmosphäre wird die Party dann offiziell beendet. Alle gehen gemeinsam hinaus, vollzählig, wie sie gekommen sind, nur in anderer Zusammensetzung.

Dann stehen sie draußen auf der Straße und denken alle nur an das Eine. Aber sagen tun sie garantiert das Andere, zum Beispiel: »Ja, wir gehen dann noch ein paar »Purikura«* schießen«, oder, in der jüngsten Zeit fast schon Standard: »Ja, wir gehen dann noch ins Spielecenter«. Als ob ein Pärchen, das aufeinander heiß ist, nichts Besseres zu tun hätte, als an getrennten Spielkonsolen seine Zeit zu verdaddeln. Natürlich gehen sie direkt und ohne Umwege ins Liebeshotel. Und natürlich ist das auch jedem klar, denn schließlich hat man ja das gleiche vor. Aber niemand ist so cool und wünscht einfach »Viel Spaß!« Je klarer das Ziel ist, um so mehr muß es kaschiert werden. Freundinnen alleinzulassen ist unentschuldbar, und erst recht nur weil man mit einem Typen zu-

---

* selbstklebende Erinnerungsfotos

sammensein will (selbst wenn die Freundinnen auch jemanden fürs Bett haben). Also wird eine lächerliche Verharmlosung gebraucht, die einem neutralen Beobachter ungefähr folgende Botschaft übermittelt: »Wir sind beide betrunken, geil und liegen uns schon halb in den Armen, aber denke bitte ja nicht, daß wir jetzt ausgerechnet sowas Abwegiges wie Sex haben werden.« Verabschiedern wie Verabschiedeten ist klar, daß sie reine Floskeln austauschen. Japaner werden das wieder mit dem Unterschied zwischen »Gesagtem« und »Gemeintem« erklären. Zu Deutsch: Lieber benutzen sie eine ausgetretene Lüge, als daß sie einmal eine himmelschreiend offensichtliche Tatsache zugeben würden.

Häufig vermischen sich Trink-Kompas und Sex-Gokons, so zum Beispiel bei Uni-Erstsemesterparties. Hierfür mietet man meist Kneipen en bloc, da ist man unter sich. Die Sitzordnung wird aufgehoben, weil an jedem Tisch potentielle Trink- oder Flirtpartner sitzen könnten. Zu vorgerückter Stunde spielen die Studenten wilde Ausziehspiele, bei denen sie am Schluß splitternackt vor ihren 200 grölenden Mitstudenten stehen. Einer der Nackedeis wird am Schluß in der Manier des Königsspiels mit seiner Wunschdame auf die Toilette geschickt für eine »free time«, die dann großzügigerweise etwas mehr als zwei Minuten beträgt. Solche Orgien finden unter ganz normalen, braven Japanern statt, die später eine Familie gründen, ein Haus bauen und jeden Tag 13 Stunden im Büro ackern werden. Und sie unterscheiden sich von den »Freshman«-Parties, für die amerikanische oder französische Unis berüchtigt sind. Denn im Westen feiern bis dahin behütete, unschuldige Studenten die Freiheit von Elternhaus und Moral. Die japanischen Studenten dagegen sind schon alte Hasen in Sachen Sex, wenn sie an die Unis kommen. In den letzten Jahren ihrer Gymnasialzeit haben sie sich schon auf Dutzenden von Gokons die Hörner abgestoßen.

Früh beginnen die Japaner mit der sexuellen Sozialisation. Während ich Jahre meines Schullebens in den Pausen mit der fränkischen Sozialisation »Kartenspielen« verbracht habe, erzählt eine japanische Freundin, die auf einer reinen Mädchenschule war: »Als ich zwölf war, haben wir uns immer in den Pausen ein leeres Klassenzimmer gesucht und das Königsspiel geübt, wie die Älteren auf ihren Gokons. Natürlich hatten wir keinen Alkohol, und wir hatten als Teilnehmer nur Mädchen, aber es war sehr lustig.«

Ich beneide die Japaner um die Lässigkeit, mit der sie bereits im Teenageralter eine der zentralen Herausforderungen des eigenen Menschseins, die Sexualität, unverkrampft angehen und die ganzen damit verbundenen Probleme schneller ad acta legen können. Man trifft auf noch nicht einmal Volljährige (in Japan erlangt man die Volljährigkeit mit 20), die bereits abgeklärt auf ihr zurückliegendes Sexualleben blicken können. Sie trinken pappsüße Cocktails, aber keinen Kaffee und kein Bier, weil das »Erwachsenengetränke« sind, haben zwanzig Stofftiere im Bett, an ihrem Handy baumeln drei Disney-Figuren, aber sie erklären wie Akina, Erstsemester, 19 Jahre alt: »Auf Gokons bin ich schon lange nicht mehr gegangen. Meine wilden Zeiten sind lange vorbei, das war in der 11. Klasse. Mein Gott, da hab ich es wirklich mit jedem gemacht. Heute dagegen möchte ich jemanden, den ich wirklich liebe.«

Die areligiösen Japaner sind in sexueller Hinsicht im Durchschnitt erfahrener und früher reif als ihre asiatischen Nachbarn und auch als viele andere durch irgendeine Religion geprägte Völker auf diesem Planeten. Das Durchschnittsalter beim ersten Mal ist in Japan mittlerweile offiziell auf 16,2 Jahre gesunken. Normalerweise, denkt man, müßte diese sexuelle Reife auch mit persönlicher Reife einhergehen. Je mehr man zu seinen individuellen Gefühlen und Bedürfnissen steht, desto mehr gesteht man sich auch seine sexuellen Bedürfnisse und Neigungen ein. Persönlichkeitsentwicklung und sexuelle Entwicklung gehen oft Hand in Hand, nicht umsonst trifft man gerade unter bekennenden Schwulen viele äußerst originelle und interessante Menschen. Der Kraftakt des »Coming out«, zu einer gesellschaftlich verfemten Neigung zu stehen, hat viele stark gemacht und gleichzeitig eine ganze Palette anderer Teile der Persönlichkeit ans Licht gebracht. Aber auch die »normale« sexuelle Entwicklung fördert die persönliche Entwicklung und macht aus Kindern Erwachsene – aber nur in Deutschland und dem Rest der Welt. Sieht man die angepaßten Japaner, die ihrem Chef beim allabendlichen Zwangstrinken nicht sagen können, daß sie kein fünftes Bier wollen, aber einer Frau auf der Straße frei heraus anbieten, ins nächste Liebeshotel zu gehen, lernt man nämlich, daß persönliche und sexuelle Entwicklung eben nicht unbedingt miteinander zu tun haben müssen. Vielleicht ist es genau diese falsche Grundannahme, wegen der viele Westler gerade die japanischen Männer für, sagen wir es so, sexuell unterlegen halten, obwohl über die Institution des Liebeshotels, der Lolita-Beziehungen zwischen älteren Geschäftsleuten und Gymnasiastinnen und die blühende japanische Pornoindustrie auch in ausländischen Medien schon lang und breit berichtet wurde. Die Westler können sich eben nicht vorstellen, daß ausgerechnet die duckmäuserischen, katzbuckeligen Japaner, die kaum den Mund aufkriegen, echte Hengste im Bett sind.

Sehen wir die Japaner falsch? Müssen wir vielleicht eher andersherum aus ihrer sexuellen Freiheit schließen, daß wir es in Wirklichkeit mit lauter selbständigen, reifen Menschen zu tun haben? Nein, unser Eindruck trügt nicht. Sie sind katzbuckelig und duckmäuserisch. Aber sie müssen für ihren sexuellen Raketendurchstart eben nicht ihre Persönlichkeit ins Spiel bringen. Wieder helfen ihnen die Regeln. Die strengen Regeln, nach denen die Parties ablaufen, sind die Stütze im Sumpf der eigenen Unsicherheiten und Ängste. ›Ich würde sie gerne küssen, aber was ist, wenn sie mir einen Korb gibt?‹ Da sagt auch schon der König: »Küß sie« – und einem Befehl von oben widersetzt man sich schließlich nicht. Auch der nachfolgende Besuch des Liebeshotels ist eine stille Vorschrift für den Abschluß einer Gokon. Er gehört einfach dazu. Ganz zu schweigen vom Naturgesetz Nummer eins: Wer ins Liebeshotel geht, hat dann dort auch Liebe zu machen. Da wird der oder die einzelne persönlich gar nicht erst lange gefragt. Keine Fisimatenten wie bei uns, wo jeder erstmal die schwerwiegende Entscheidung, mit einem Unbekannten zu schlafen, gründlich vor dem Hintergrund seines eigenen Wertesystems abwägen muß.

Das geregelte Flirten auf Parties verschafft also den jungen Japanern ein Gerüst, an dem sie sich zur sexuellen Reife viel schneller hochhangeln können als wenn sie für jeden neuen Kontakt erst sich und dann das Gegenüber in den Griff kriegen müßten. Bei dem unbarmherzigen Shinkansen-Schnellzug-Tempo, mit dem die Gokons Menschen, die gerade erst miteinander bekanntgemacht wurden, ins gemeinsame Bett fördern, bleibt die Romantik natürlich auf der Strecke. Die Frau beginnt zwar oft ausgerechnet kurz vor dem Akt, dem Drängen des Mannes ein Feuerwerk an »Neins« entgegenzufeuern, aber das gehört zum Ritual. Sie muß überzeugt werden, sie darf das Unsittliche nicht wollen, obwohl sie es will. Vermeintlich romantische Gefühle sind oft nur eine Variante dieses »Neins«: »Ich möchte dich erst näher kennenlernen, bevor ich mit dir schlafe«, klingt unglaubwürdig, wenn sie bereits an seinem Reißverschluß herummacht. Wer das ernst nimmt, ist noch zu europäisch oder christlich geprägt und enttäuscht sich und die Partnerin gleichermaßen. Ein japanischer Mann wischt diesen Satz achtlos beiseite (»Red keinen Scheiß!«) und nimmt sich die Frau. Die fühlt sich nachher keineswegs verletzt oder ausgenutzt, denn es ist nur passiert, was zu erwarten und gewollt war. Sonst wäre sie schließlich gar nicht erst mit ihm alleine aufs Zimmer gegangen. »Ich gehe mit in deine Wohnung« (und natürlich erst recht »Ich gehe mit dir ins Liebeshotel«) heißt übersetzt: »Du kannst mit mir schlafen«.

Trotzdem sind Gokons an sich auf eine gewisse Art frauenfeindlich. »Eigentlich ist das Gokon-System für die Männer gemacht. Wenn ich zu einer Gokon gehe, dann suche ich nicht immer gleich jemanden für den Sex. Aber wenn dann nachher alle draußen vor der Kneipe stehen und meine ganzen Freundinnen abziehen, bleibt mir ja gar nichts anderes übrig, als daß auch ich mit meinem Typen ins Hotel mitgehe«, meint Mariko, eine selbstbewußte 20jährige Studentin. Ein Abend auf der Gokon macht eben doch zu viel Spaß, als daß Mariko deswegen ganz darauf verzichten würde. Sie hat eben ab und zu Sex, auf den sie nicht so große Lust hat. Na und? Eine europäische Zwangsneurose haben die Japaner zum Glück nicht, die des »Ich muß etwas für jemanden empfinden, weil ich mit ihm schlafe.« Auch wenn Mariko den ihr zugeteilten Jungen absolut nicht will, würde sie ihn nie vor allen anderen blamieren, indem sie ihn als einzige alleine nach Hause schickt. Sie kann sich ja auch noch später von ihm trennen, wenn es seine Freunde nicht mehr sehen. Und das kommt sogar hin und wieder vor.

Auch bei Schwalbenschwanzfischen ist der Befruchtungsritus regelgesteuert. Der Balztanz von Fischmännchen und Fischweibchen besteht aus verschiedenen abwechselnd kreisenden Bewegungen, deren Reihenfolge genau eingehalten werden muß, bevor die Partner schließlich zu Eiablage und Besamung schreiten können. Werden sie in der Mitte unterbrochen, zum Beispiel durch einen menschlichen Experimentator, können sie nicht einfach da weitermachen, wo sie aufgehört haben. Sie müssen die Tanzschrittfolge noch einmal ganz von vorne anfangen, selbst wenn sie gerade kurz vor der Befruchtung gestanden haben.

Nicht nur bei Gokons scheint das japanische Flirten nur auf der Grundlage eines bestimmten vorher vereinbarten Regelkodex zu funktionieren. Auch die zweite Flirtmethode jüngerer Japaner ist genauso vorgeplant und gesellschaftlich abgesegnet wie die Gokon, so frei und ungezwungen sie auch aussieht. Diese zweite Methode ist das Flirten »im freien Feld«, auf der Straße. Wenn Europäer von diesem »Straßen-Nampa« oder einfach »Nampa« zum ersten Mal hören, schauen sie erst ungläubig, dann geschockt: Sie können einfach nicht glauben, daß das eine normale und äußerst beliebte Methode sein soll, jemanden kennenzulernen. Nampa funktioniert so: Man geht auf bestimmte Straßen, um sich anmachen zu lassen, oder um anzumachen. Klassische Bagger-Straßen sind die Sentagai-Fußgängerzone in Shibuya in Tokio oder die Shinzaibashi-Straße in Osaka. Mädchen und Frauen auf Kontaktsuche laufen die Straße auf und ab, und die Jungen oder Männer stehen am Rand, checken die Gesichter und treten auf die Damen ihres Herzens zu. Dann erkundigen sie sich nicht etwa verschämt nach dem Weg oder der Uhrzeit, sondern fragen direkt und schonungslos (manche werden sagen: unoriginell) »Entschuldigung. Möchtest du mit mir etwas trinken gehen?« Die Frauen ihrerseits checken jetzt den Typen, wenn sie das nicht schon beim Näherkommen getan haben, und entscheiden sich dann für eine Antwort. Natürlich nimmt nicht jeder Fußgänger an diesem Spiel teil. Dennoch wissen fast alle, die auf den entsprechenden Straßen flanieren, was hier gespielt wird. Wahnsinn! Das ist der ultimative Traum eines jeden von Konventionen geprägten Europäers: Ohne Ohrfeigenrisiko einfach auf eine Frau zugehen, ja sogar die Frau anhalten können, die einem gefällt, und sie geradeheraus um ein Date bitten. Casanova (eine in dieser Beziehung allerdings nicht ganz objektive Quelle) erwähnt in seinen Memoiren, daß zwar auch im Europa der Aufklärung des 18. Jahrhunderts das Straßen-Nampa eine der beliebtesten gängigen Flirtmethoden darstellte, aber heute ist dem, der sich so etwas auf Deutschlands Straßen wirklich traut, Riesenbeifall für die Chuzpe und die Bewunderung der Freunde sicher. Etwas zu tun, das sich absolut nicht schickt und als machomäßig oder sogar frauenfeindlich gilt, ist Zeichen einer starken Persönlichkeit.

Europäischen Leserinnen mag diese Beschreibung wie eine Horrorvision erscheinen – aber weil das Straßen-Nampa eine statthafte, gesellschaftlich abgesegnete Methode ist, sind die japanischen Frauen davon nicht sonderlich genervt. An neunundneunzig von hundert Männern haben sie natürlich kein Interesse. Deren Balzangebote ignorieren sie genauso wie die Werbezettel, die ihnen die Zettelverteiler vor den Bahnhofseingängen in die Hand drücken wollen.

Außerdem ist eben auch für Frauen die Nampa-Methode ein üblicher Weg, Männer kennenzulernen oder zumindest den eigenen Marktwert zu taxieren. Viele denken über Nampa wie Yuka, 19: »Eigentlich schmeichelt es mir immer, wenn mich ein Mann anspricht, auch wenn ich kein direktes Interesse an ihm habe.«

Vielleicht ist es wünschenswert, daß der Westen von den Japanern das Straßen-Nampa übernimmt. Schließlich erlaubt es den Menschen, das grundsätzliche menschliche Balz-Bedürfnis ungehindert auszuleben. Aber ein Zeichen für eine überlegene Persönlichkeit ist auch das Straßen-Nampa nicht. Genau wie bei den Kompas sind alle Bestandteile des Nampa im voraus kodiert. Man muß nur tun, was sowieso vorgeschrieben ist – und kommt so sicher ans Ziel. Es sind eben nicht perverse oder vollkommen ausgeflippte Männer, die in den Straßen stehen, sondern ganz normale Teenager und Twens, die einfach das machen, was alle anderen auch machen. Mit der Frage 1: »Trinkst du etwas mit mir?« fängt man gleich strategisch geschickt mit dem Maximalziel an. Bleibt die Wunschpartnerin immerhin stehen, verneint aber, ist die Frage 2: »Kann ich deine Telefonnummer haben?« Falls sie daraufhin wegrennt, sieht der Straßen-Nampa-Regelkatalog vor, daß der Mann neben ihr her- und mit ihr mitläuft, sie ununterbrochen zulabert und am besten einen Witz macht, über den sie unwillkürlich lachen muß und dann doch stehenbleibt. Dann kann man es noch einmal mit Frage 1 versuchen. Falls das alles nicht wirkt, und sie immer schneller wird, ist es sogar statthaft, sie sanft an den Schultern zu packen und regelrecht körperlich am Weitergehen zu hindern. Hier reißen sich dann die meisten Frauen los, und der Nampaer hält Ausschau nach dem nächsten Opfer.

Wie stark kodiert selbst das so frei wirkende Nampa ist, mußten ein deutscher Freund und ich im Kneipenviertel Kiyamachi von Kioto erfahren. Wir lernten eines Abends auf der Straße zwei hübsche Japanerinnen kennen. Nachdem wir eine Weile geschäkert hatten, schlug ich vor: »Geht doch mit uns in die ›Bar‚isn’t it‹!« (Die »Bar‚isn’t it« ist eine der beliebtesten Kneipen unter den in Kioto lebenden Ausländern.) Aber prompt fing die eine an zu meckern: »Nein, die ist langweilig« – »Findest du mich auch langweilig?« – »Nein, du bist süß und interessant.« Warum zum Teufel geht sie dann nicht mit?

Schließlich fragte ich unverblümt: »Was kann ich denn Gutes sagen, damit ihr mitgeht?« Sie zögerte keine Sekunde: »Gehen wir in eine Karaoke-Box«. So was Bescheuertes! Es ist doch völlig egal, wo man sich befindet, wenn man eine nette Begleitung hat. Aber für Japaner gilt die Regel, daß ein Flirt seine Fortsetzung nur in einer Karaoke-Box haben kann.

Alle Schritte des Flirtens sind vorgegeben. Dabei lautet das

Prinzip: »Sage stets etwas anderes als du meinst.« Möchte man herausfinden, ob das Gegenüber Interesse an einem hat, fragt man einfach mit der dafür vorgesehenen Floskel: »Hast du einen Freund/eine Freundin?« Bei der Antwort spielt der eigene tatsächliche Partnerstatus gar keine Rolle, sondern nur das eigene Interesse. Wenn man den Flirt will, ist die Antwort immer »Nein, ich bin Single.« Falls man signalisieren möchte, daß es zwar einen Partner gibt, man aber durchaus bereit ist, ihn zu betrügen, macht man kurzerhand Schluß: »Ich war bis vor kurzem mit jemandem zusammen, aber jetzt sind wir getrennt. Und ich bin soo einsam.« Wohl gemerkt: Wer so antwortet, ist meist noch glücklich liiert. Falls dagegen kein Interesse an den Avancen besteht, kommt garantiert: »Ja, ich hab einen Partner«, oder die windelweiche Version: »Es gibt jemanden, den ich mag.« Der wahre Status ist auch hier völlig irrelevant. Natürlich bindet auch kein Europäer, der einen kleinen Seitensprung wagt, dem potenziellen One-Night-Stand auf die Nase, daß er fest gebunden ist. Der Unterschied ist aber, daß bei uns überhaupt nicht darüber gesprochen wird. Sowas fragt man nicht weil es sowieso nur unnötige Loyalitätsprobleme aufwerfen würde. In Japan dagegen müssen sie es fragen, nicht weil sie der maritale Status des Partners tatsächlich interessiert, sondern weil sie ihren Gefühlen nicht trauen und sie ihre Chancen schwarz auf weiß geklärt haben wollen.

Das Codezeichen für grundsätzliches (Flirt-)Interesse ist das Austauschen der Handynummer. Möchte eine Frau ihre Nummer nicht rausrücken, hört man meistens statt eines Neins den Satz »Ich habe einen Freund.« Den gedanklichen Kurzschluß im Kopf der Frauen zwischen diesen zwei eigentlich völlig unzusammenhängenden Dingen muß man sich auf der Zunge zergehen lassen. Wenn man dann eine Frau anruft und um eine Verabredung bittet, gibt es für diese Phase wiederum eine festgelegte Art zu sagen, daß doch kein Interesse besteht. Hier heißt der Zauberspruch: »Ich habe viel zu tun in der nächsten Zeit.«

Den Vogel schoß eine 19jährige Auszubildende ab, die ich im November anrief. Sie meinte: »Ich habe viel zu tun, so ungefähr bis Januar oder Februar. Vielleicht können wir uns treffen, wenn es März wird ...« Anfangs glaubte ich den Frauen tatsächlich die Mär vom ständigen Streß. Inzwischen nervt mich der Widerspruch zwischen der Leichtigkeit, mit der sie einem eine Lüge auftischen, und der Unfähigkeit, einem anderen etwas Unangenehmes zu sagen. Höre ich wieder einmal ein »In den nächsten drei Wochen ist es unmöglich«, breche ich den Code (ich weiß ja, daß ich sowieso nichts mehr zu verlieren habe) und meine: »Wenn du dich nicht mit mir treffen willst, dann sag das doch einfach.« Geschockt oder ertappt verstricken sie sich tiefer in die Lüge: »Es heißt doch nicht, daß ich mich mit dir nicht treffen will. Ich hab halt bloß viel zu tun.« – »Dann schlag halt einen für dich guten Termin vor.« – »Ja aber, ich hab so viel zu tun, ich kann das jetzt nicht sagen.« – »Es macht mir nichts, wenn du dich nicht mit mir treffen willst. Ich bin ein robuster Europäer, mir kannst du das ruhig sagen.« Aber selbst mit dieser Erlaubnis können sie nicht den Weg zur Ehrlichkeit beschreiten. Den Hörer aufzulegen trauen sie sich auch nicht. So winden sie sich, und manchmal, wenn ich schlecht gelaunt bin, kann ich mich dann immerhin eine Weile an ihrer Qual weiden – wenn ich sie schon nicht sehen darf.

166

Wenn die Regeln nicht mehr gelten, stehen die Japaner ihren sexuellen Bedürfnissen hilfloser gegenüber als ein pubertierender Teenager. Das erkennt man an ihrem Verhältnis zu den in Japan lebenden Ausländern, bei denen sie sich nicht darauf verlassen können, daß der Code verstanden wird. Deswegen sprechen japanische junge Männer bei ihrem Straßen-Nampa niemals westliche Mädchen an, obwohl in den Straßen von Tokio und Osaka auch genügend hübsche Europäerinnen und Amerikanerinnen flanieren. Auf der anderen Seite treffen ausländische Männer bei Japanerinnen häufig auf zwei Extremreaktionen: Entweder ein völlig überzogenes, panikgesteuertes »Nein«. Oder eine bedingungs- und willenlose Hingabe. Daß die japanischen Touristinnen bei den männlichen Bewohnern von Hawaii, Auslands-Reiseziel Nr. 1, auch »Yellow Cab« (»Gelbes Taxi«) heißen, verwundert nicht weiter: Herbeiwinken, einsteigen, sofort losdüsen, nach 10 Minuten aussteigen, das Zahlen vergessen und nie mehr wiedersehen.

Während der plötzliche Erfolg bei Japanerinnen schon bei manchem langweiligen europäischen Zuwanderer ein akutes Casanova-Syndrom hervorgerufen hat, bleiben die westlichen Frauen eher bei den westlichen Männern. Dabei sind auch sie durchaus von den schlanken, schick gekleideten jungen japanischen Männern mit ihren wilden mongolischen Gesichtszügen angetan.

Aber Witz, Persönlichkeit, Originalität und Mut − das alles können Regeln nicht ersetzen, Japaner! Das aber braucht es im wirklichen Leben, und beileibe nicht nur, um eine Frau zu erobern.

ルールをまもりながら、羽目を外す

F
L
I
R
T

Nachwort

»Koko-ga hen-dayo! Nihonjin«, zu Deutsch frei nach Obelix: »Die spinnen, die Japaner«, ist eine überaus populäre Sendung im japanischen Fernsehen mit bis zu 8 Millionen Zuschauern. Unter der Moderation des als Filmregisseur weltberühmten Takeshi Kitano – in Deutschland kennt man ihn auch als Moderator der Spielsendung »Takeshi's Castle« –, geben in Japan lebende Ausländer aus aller Herren Länder ihren mehr oder weniger intelligenten Senf dazu ab, was sie über die verschiedensten Aspekte des japanischen Alltags und Wesens denken. Die Themenpalette reicht vom Zweiten Weltkrieg über freien Sex von Oberschülerinnen und Erotik-Comics bis zur Einstellung zum Tod. Seit über drei Jahren läuft die Sendung jeden Donnerstag um zehn Uhr abends. Von den Einschaltquoten her ist sie einer der Spitzenreiter. Die Wirkung auf die japanische Öffentlichkeit ist bombastisch: Schulklassen diskutieren die Themen der Sendung vom Vorabend, Handelskammern und Universitäten laden die Teilnehmer der Sendung zu Podiumsdiskussionen ein, und japanische Stars aus der Unterhaltungsbranche empfinden es als Ehre, dort auftreten zu dürfen.

Ich bin von Anfang an dabei, und die Sendung machte mich in Japan bekannt. Jeden Tag sprechen mich wildfremde Leute an und danken mir dafür, daß sie meine Hand schütteln dürfen oder ich mich für ein Foto mit ihnen zur Verfügung stelle. Mein Durchbruch kam, als ich mir im Osakaer Szene-Viertel Amerikanomura eine gebrauchte Bundeswehr-Jacke kaufte. Ich kaufte sie einfach, weil sie mir stand wie vielen jüngeren Japanern, bei denen sie ohne jegliche ideologische Bedeutung auf einmal total in Mode gekommen war. Im Winter begegnet man jeden Tag Dutzenden, die mit der deutschen Flagge auf den Schultern durch die japanischen Städte flanieren. Nicht wenige denken dabei, es handele sich um das Logo einer Kleidermarke. So kennen mich viele Japaner als den »Deutschen mit der Armeekleidung«. Gerade in dieser militaristischen Verkleidung macht es mir Spaß, Krieg, Gewalt und alles, was damit zusammenhängt, zu verdammen. Die Krönung dieser selbstironischen Aufmachung war im Juli 1999, als ich beim Thema »Tod fürs Vaterland« ausführlich schilderte, warum ich in Deutschland den Wehrdienst verweigert hatte.

Mit dem wachsenden Erfolg der Sendung begriff ich, daß Japaner tatsächlich wissen wollen, was Ausländer an ihnen stört. So ordnete ich meine im Laufe der Jahre entstandenen Notizen und machte daraus ein Buch.

Über Japan haben Tausende geschrieben: japanologische Abhandlungen, kaleidoskopartige Überblicke, objektive Analysen, bewundernde Schmeicheleien und immer wieder die Kapitulation vor der geheimnisvollen fernöstlichen Rätselhaftigkeit. Dieses Buch ist anders. Es hat nicht das Anziehende, Interessante oder Rätselhafte an Japan zum Thema. Das Hauptziel dieses Buches ist nur eins: Klipp und klar zu sagen, wann, wo und wie Japaner nerven. Punkt. Und zu zeigen, warum sie nerven, ohne fernöstlichen Mystizismus, ohne beschönigenden Humanismus, ohne Bescheidenheit des neu ins Land Gekommenen, ohne den Versuch, daraus auch noch Vorbilder für den Westen zu erkennen. Nur aus reiner Menschenfreundlichkeit oder politischer Korrektheit müssen wir nicht jeden Quatsch respektieren.

169

Küss die Hand!

Walter Lendl
Darum nerven Österreicher
224 Seiten · gebunden
€ 12,95 (D) · sFr 22,50 · € 13,40 (A)
ISBN 978-3-8218-4962-1

Jetzt mal ehrlich: Mag die irgendjemand, diese Österreicher?
Vielleicht dafür, dass sie immer so freundlich tun – jeden-
falls solange sie glauben, dass es sich lohnt? Oder dafür,
dass sie Weltmeister im Schmieden hochfliegender Pläne
sind, zur Durchführung aber ins Kaffeehaus gehen?

Schisport und Austropop, Intellektuellenfeindlichkeit und
Schleimerei, Costoletta alla milanese und böhmische
Knödel, Größenwahn und Bürokratie: Der exilierte Österreicher Walter Lendl hält seinen Landsleuten einen Spiegel
vor. Und bestätigt, was Millionen Urlauber Jahr für Jahr
auf dem Weg nach Italien schmerzhaft erfahren müssen –
an Österreich kommt man nicht vorbei.

Eichborn
Kaiserstraße 66
60329 Frankfurt/Main
Tel. 069/25 50 03-0
Fax 069/25 60 03-30
www.eichborn.de

Wir schicken Ihnen gern ein Verlagsverzeichnis.

PIPER

Gerhard Dambmann
Gebrauchsanweisung für Japan

184 Seiten. Gebunden

Wer kennt sie nicht, die japanische Gartenkunst, die
in den zen-buddhistischen Steingärten ihre Perfektion
erreicht, oder die japanische Teezeremonie, die die
Zubereitung des milden grünen Tees kultiviert?
Exotisch und fremd erscheinen dem westlichen Besucher
die Sitten und Bräuche Japans. Eine Insel, die für alt-
ehrwürdige Traditionen und modernste Technologien
steht. Ob Toyota oder Nintendo, Sushi oder Ikebana – die
Japaner setzen weltweit Trends und vergessen dennoch
ihre Wurzeln und Rituale nicht.
Gerhard Dambmann kennt dieses ferne Land wie kaum
ein anderer und weiß uns mit großem Einfühlungsvermö-
gen und intelligentem Witz eine Anleitung zum Verständnis japanischer Denk- und Lebensart zu geben.

01/1028/01/R

SERIE PIPER

Helge Timmerberg

Timmerbergs Reise-ABC

Cartoons von Peter Puck.
128 Seiten. Serie Piper

Wie hoch ist das Risiko, von einer herunterfallenden Kokosnuß erschlagen zu werden? Was tut man, wenn man beim romantischen Strandrendezvous von einem Hunderudel überfallen wird? Und warum sollte man den nächsten Flieger nach Hause nehmen, wenn man im Ausland Zahnschmerzen bekommt? Weltenbummler Helge Timmerberg verrät seine besten Tips und Tricks von A wie Anfängerfehler bis Z wie Zahnarzt. Sein Buch darf in keiner Reisetasche fehlen, denn mancher Rat wird sicher gebraucht in der schönen, gefährlichen Fremde ...

»Ein neues Kultbuch. Jeder, der eine Reise plant, sollte es vorsichtshalber lesen.«
Bunte

Dietmar Bittrich

Dann fahr doch gleich nach Hause!

Wie man auf Reisen glücklich wird.
160 Seiten. Serie Piper

Ein wunderbares Trostbuch für Urlauber über die schrecklichen Erlebnisse, die jede Reise unwillkürlich mit sich bringt: besetzte Liegen am Pool, lärmende Hotelnachbarn sowie Mitreisende, die mit ihrer Drängelei die Seilbahn ins Schwanken bringen. Dietmar Bittrich kennt sie alle, die kleinen und großen Tücken des Reisealltags – von ungenießbaren Landesspezialitäten bis zu den Warteschlangen vor Sehenswürdigkeiten, die man zu Hause garantiert links liegen lassen würde.

»Lustig im Stil, aber gnadenlos in der Sache, hält Bittrich dem Reisenden einen Spiegel vors Gesicht. Am Ende ist man erschöpft vor Lachen, entsetzt über sich selbst und mit dem Autor einer Meinung: Für achtzig Prozent aller Reisenden ist die Rückkehr das glücklichste Erlebnis des Urlaubs.«
Welt am Sonntag

05/1891/01/L   05/1892/01/R

Stephen Clarke
Ein Engländer in Paris
Mein Jahr mit den Franzosen.
Aus dem Englischen von Thomas
Wollermann. 320 Seiten.
Serie Piper

Paul West, ein junger Engländer, kommt für seinen neuen Job in die französische Hauptstadt und findet heraus, wie die Franzosen wirklich sind: Sie essen Unmengen Schimmelkäse, mißtrauen allen, die nicht französisch sprechen, und – oui, sie küssen sich den ganzen Tag! Dieser Bestseller ist ein zum Kaputtlachen komischer Bericht über die Freuden und Qualen eines verliebten Engländers in Paris.

»Stephen Clarke schöpft erzählerisch aus dem Vollen und erweist sich als ebenbürtiger Bruder im Geiste der legendären Komikertruppe Monty Python's Flying Circus.«
Schweizer Illustrierte

Stephen Clarke
Ich bin ein Pariser
Ein Engländer entdeckt Frankreich. Aus dem Englischen von
Gerlinde Schermer-Rauwolf und
Thomas Wollermann, Kollektiv
Druck-Reif. 368 Seiten. Serie Piper

Ein Engländer in Paris versucht nach dem ersten Jahr und einigen Kulturschocks noch immer, den Franzosen den Fünf-Uhr-Tee schmackhaft zu machen und in der Stadt der Liebe nicht allein zu bleiben. Beides gestaltet sich schwierig, und Paul West hat zunehmend den Verdacht, daß die Franzosen auf einem anderen Planeten leben …
Von der Flüsterpropaganda zum Welterfolg: Stephen Clarkes Frankreich-Roman verdrängte Harry Potter in England von Platz 1 der Bestsellerliste.

»Stephen Clarke seziert die französische Lebensart. Zum Kaputtlachen witzig.«
Madame

SERIE PIPER

05/2169/01/L   05/2210/01/R